Limbo Jurídico Previdenciário-Trabalhista no Auxílio-Doença

Fabiano de Oliveira Pardo

Bacharel em Direito pela Universidade do Oeste Paulista. Pós-Graduado em Gestão de Pessoas pelo Centro Universitário Toledo de Presidente Prudente. Pós-Graduado em Direito do Trabalho e Previdenciário pelo Centro Universitário Toledo de Presidente Prudente. Professor convidado da Pós-Graduação Lato Sensu *da Universidade do Oeste Paulista, nos cursos de especialização em Direito Previdenciário, Medicina do Trabalho e especialização em Perícias Médicas e Medicina Legal. Há 20 anos trabalhando para empresas privadas, atuando nas áreas de Recursos Humanos, Segurança e Medicina do Trabalho e Jurídica Trabalhista.*

Limbo Jurídico Previdenciário-Trabalhista no Auxílio-Doença

Responsabilidade do Empregador e INSS

EDITORA LTDA.
© Todos os direitos reservados

Rua Jaguaribe, 571
CEP 01224-003
São Paulo, SP — Brasil
Fone: (11) 2167-1101
www.ltr.com.br
Setembro, 2018

Projeto Gráfico e Editoração Eletrônica: Peter Fritz Strotbek – The Best Page
Projeto de Capa: Fabio Giglio
Impressão: Forma Certa

Versão impressa: LTr 6075.9 — ISBN 978-85-361-9749-4
Versão digital: LTr 9433.4 — ISBN 978-85-361-9795-1

Dados Internacionais de Catalogação na Publicação (CIP)
(Câmara Brasileira do Livro, SP, Brasil)

Pardo, Fabiano de Oliveira

Limbo jurídico previdenciário-trabalhista no auxílio-doença : responsabilidade do empregador e INSS / Fabiano de Oliveira Pardo. — São Paulo : LTr, 2018.

Bibliografia.

1. Auxílio-doença 2. Benefício previdenciário 3. Direito do trabalho — Brasil 4. Direito previdenciário — Brasil 5. Empregadores — Responsabilidade 6. Medicina do trabalho 7. Previdência social 8. Seguridade social I. Título.

18-17458   CDU-34:331.47:364.32(81)

Índice para catálogo sistemático:

1. Brasil : Auxílio-doença : Limbo jurídico
previdenciário-trabalhista : Direito do
trabalho e previdenciário 34:331.47:364.32(81)

Maria Paula C. Riyuzo – Bibliotecária – CRB-8/7639

Inicialmente devo agradecer a DEUS, pois sem Ele nada sou. Obrigado Senhor por ter me concedido a vida e por me dar força e sabedoria. Agradeço também a Nossa Senhora Aparecida, pois sempre quando penso em desistir pelos obstáculos impostos pela vida, peço em oração forças para enfrentá-los e minhas preces são atendidas.

Agradeço com todo o meu amor minha esposa Daniela e meus filhos Giovanna e Davi. Para vocês todo amor e carinho.

Agradeço aos meus pais, Maria Rosa e Roberto por terem me ensinado a ser um homem digno, lutador e principalmente temente a Deus. Agradeço meus irmãos Elaine e Jessé por fazerem parte da minha vida.

Agradeço a empresa que trabalho, por ter sempre me apoiado em meus estudos e formação profissional. Aos meus professores (as) e amigos (as) com os quais muito aprendi e me ajudaram na minha formação profissional, em especial meu grande amigo Dr. Luis Fernando Trevisan.

Por fim, em especial agradeço ao meu orientador professor Dr. Ederson Ricardo Teixeira, pois além da atenção e do incentivo, com grande sabedoria e dedicação orientou os meus passos para conclusão desse trabalho e concretização de um sonho, a publicação deste livro.

Sumário

Lista de Abreviaturas e Siglas 9

Apresentação 11

Prefácio — *Luis Fernando Trevisan* 13

Capítulo 1 — Introdução 15

Capítulo 2 — Seguridade Social 20
2.1. A Seguridade Social na Constituição Federal de 1988 20
2.2. Saúde 21
2.3. Assistência Social 22
2.4. Previdência Social 24

Capítulo 3 — Auxílio-Doença 26
3.1. Conceito 26
3.2. Qualidade de segurado 28
3.3. Carência 28
3.4. Incapacidade — Constatação 30
    3.4.1. Incapacidade posterior à filiação 34
3.5. Duração e fixação de prazo do benefício 35
3.6. Espécies do benefício de auxílio-doença 36
3.7. Requerimento 37
3.8. Segurado que exerce mais de uma atividade 38
3.9. Início do benefício 39
3.10. Cessação do benefício 41
3.11. Novo benefício em 60 dias 42
3.12. Alta programada 43
3.13. Pedido de Prorrogação — PP 44
3.14. Perito médico do INSS 45

Capítulo 4 — Suspensão do Contrato de Trabalho Durante Afastamento por Auxílio--Doença 48

4.1. Distinção entre os institutos da interrupção e suspensão do contrato de trabalho . 49

4.2. Suspensão do contrato de trabalho na concessão do auxílio-doença 51

Capítulo 5 — Programa de Controle Médico e Saúde Ocupacional — PCMSO 52

5.1. Médico do Trabalho 56

5.2. Médico assistente 60

5.3. Exame médico de retorno ao trabalho 62

5.4. Atestado de Saúde Ocupacional – ASO 63

5.5. Aptidão e inaptidão para o trabalho 65

Capítulo 6 — Necessidade de Mudança de Função e/ou Atividade 67

6.1. Reabilitação profissional 67

6.2. Readaptação funcional interna 72

Capítulo 7 — Limbo Trabalhista-Previdenciário 74

7.1. Incapaz para o trabalho é igual a inapto para o trabalho? 75

7.2. Ordem preferencial para avaliação da capacidade. Qual decisão deve prevalecer a do médico perito ou do médico do trabalho? 77

7.3. Responsabilidades do empregador e do INSS 80

Capítulo 8 — Posição da Jurisprudência sobre o Limbo Trabalhista-Previdenciário .. 88

Conclusão 97

Referências Bibliográficas 99

Lista de Abreviaturas e Siglas

AGU	Advocacia Geral da União
ASO	Atestado de Saúde Ocupacional
ANAMT	Associação Nacional de Medicina do Trabalho
APMT	Associação Paulista de Medicina do Trabalho
CF	Constituição Federal
DII	Data do Início da Incapacidade
CFM	Conselho Federal de Medicina
DIB	Data do Início do Benefício
DER	Data da Entrada do Requerimento
CLT	Consolidação das Leis Trabalho
INAMPS	Assistência Médica da Previdência Social
INSS	Instituto Nacional do Seguro Social
MTE	Ministério do Trabalho e Emprego
NR	Norma Regulamentadora
OIT	Organização Internacional do Trabalho
OMS	Organização Mundial de Saúde
PCMSO	Programa de Controle Médico e Saúde Ocupacional
PP	Pedido de Prorrogação
PPRA	Programa de Prevenção de Riscos Ambientais
SUS	Sistema Único de Saúde
TST	Tribunal Superior do Trabalho

Apresentação

Esta obra versa sobre as questões previdenciárias atinentes ao chamado "limbo jurídico previdenciário-trabalhista". A importância do tema é indiscutível, não só pela grande repercussão jurídica e atual, mas especialmente por tratar da situação humilhante e vexatória em que deixa o trabalhador, segurado da Previdência Social. A situação de "limbo" ocorre com o empregado, segurado da Previdência Social, que ao receber alta médica previdenciária, quando o médico perito do INSS decide pela capacidade laboral, cessando o benefício do auxílio-doença, ao tentar retornar ao trabalho é considerado inapto pelo médico do trabalho da empresa, sendo negado o seu retorno, causando sérios prejuízos ao trabalhador, que permanece sem receber o benefício da previdência e o salário do empregador. Assim, importante realizar uma análise aprofundada sobre o tema, que envolve questões éticas, médicas e jurídicas, bem como controvérsias entre o médico do trabalho e o médico do INSS, sobre a hierarquia e ordem preferencial para avaliação da capacidade laborativa e qual decisão deve prevalecer, a do Médico Perito ou do Médico do Trabalho? Ainda, define conceitos de capacidade (capaz/incapaz e apto/inapto), analisa a responsabilidade do INSS e da empresa. Sobre tais situações, realizou uma ampla pesquisa com o intuito de identificar as responsabilidades da empresa e do INSS perante a situação de "limbo" e a possibilidade de discutir a questão, não somente pelo viés econômico, mas com foco no direito do empregado e, em defesa da sua dignidade, de serem aplicados critérios técnicos, assegurando-lhe o direito a tratamento de saúde e amparo previdenciário, questões de ordem fundamental e com amparo constitucional.

Prefácio

A presente obra, por meio de seus capítulos, busca permear o leitor com informações relevantes a respeito do instituto fático-legal do intitulado limbo jurídico-previdenciário.

Com nuance teórica e prática, objetiva-se, para o conhecimento do tema, a abordagem da estrutura previdenciária, bem como aspectos relacionados à completa estrutura do benefício de auxílio-doença.

Ainda, são apresentadas importantes características a respeito dos sistemas jurídicos de suspensão e interrupção do contrato de trabalho, com vista a fornecer preciosos subsídios a respeito dos efeitos da concessão do benefício previdenciário dentro do pacto laboral.

Tais elementos introdutórios são fundamentais para a discussão e posicionamento da figura do limbo previdenciário no mundo jurídico, com a definição de critérios objetivos para sua concessão e, na medida do possível, para o estabelecimento de responsabilidades econômicas e sociais decorrentes do seu deferimento.

Sem esgotamento das vias de pensamento e do amplo debate que se propõe com este tema, o presente trabalho procura despertar e incentivar o pensamento em mais de um viés, sem desprezar, também, a realidade empresarial, que dá o contraponto e equilíbrio nesta discussão.

Dr. Luis Fernando Trevisan
Advogado, formado pela Faculdades
Integradas Antônio Eufrásio de Toledo
(FIAETPP), 2001. Especialista em Direito
Processual Penal, Civil e do Trabalho pela
Toledo de Presidente Prudente. Experiência
na área de recursos humanos, com ênfase no
setor sucroalcooleiro. Atua, especialmente,
na assessoria e no contencioso trabalhista
patronal.

Capítulo 1

Introdução

O presente trabalho demonstra por meio da legislação trabalhista e previdenciária, bibliografia e jurisprudência, as consequências do limbo jurídico e aponta as responsabilidades do INSS e do Empregador, bem como, a problemática neste tipo de impasse no meio social e jurídico.

Em nosso ordenamento jurídico, temos como garantia de direito fundamental, previsto em nossa Constituição Federal de 1988, o direito à Seguridade Social. O termo Seguridade Social foi introduzido com a promulgação da Constituição, gerando à população, perspectiva de melhoria nas condições de vida, pois o alicerce da Seguridade Social tem como base a proteção social de três programas sociais de maior relevância, a Saúde, como direito de todos e dever do Estado, a Assistência Social, proporcionado a quem dela necessitar, independentemente de contribuição à seguridade social, e por fim, a Previdência, com caráter contributivo, ligado ao direito fundamental à previdência, composta de benefícios e serviços, em razão dos segurados e dependentes.

Devido às contingências sociais a qual todos os indivíduos estão sujeitos, a Previdência Social é o subsistema que desperta bastante interesse, pois cedo ou tarde, pode ser necessário reclamar a sua proteção. Dentre as prestações oferecidas pela Previdência Social, o benefício do auxílio-doença, é devido ao segurado da Previdência Social, que após cumprir a carência, quando for o caso, ficar incapacitado para o trabalho ou sua atividade habitual, a partir do décimo quinto dia de afastamento, pelo período necessário, para a recuperação da capacidade laborativa. Esse benefício tem caráter temporário, pois deve ser concedido apenas por curtos períodos de afastamento. O principal requisito para a concessão desse benefício é a constatação da incapacidade laborativa, pelo médico perito do INSS.

Atualmente é comum o segurado em gozo de auxílio-doença, receber alta previdenciária por meio da alta programada (presunção de recuperação) ou após passar pela perícia médica do INSS, com a consequente cessação do benefício, pois ficou caracterizada pelo perito médico do INSS, a recuperação da capacidade laborativa do segurado. Com a alta médica e cessação do benefício, o segurado procura a empresa para realizar exame médico de retorno ao trabalho (quando o afastamento for superior a 15 dias), ocasião que ao ser avaliado pelo médico do trabalho da empresa, é impedido de retornar ao trabalho, por ser considerado inapto, ou seja, não ter capacidade laborativa para desenvolver a sua atividade habitual, que exercia na ocasião do seu afastamento. Assim, cessado o seu benefício e negado o seu retorno ao trabalho, fica sem receber o benefício do INSS e salário por parte do empregador. Essa situação é denominada como Limbo Jurídico Previdenciário-Trabalhista.

O trabalhador que é a parte mais frágil desta relação fica em uma situação, em que não recebe o benefício previdenciário, devido ao INSS entender que o segurado tem condições de retorno ao trabalho, ou seja, capacidade laborativa, como também não recebe seu salário por parte do empregador, uma vez que este o considerou inapto para o retorno, mantendo o seu contrato de trabalho suspenso, alegando que a responsabilidade pelo pagamento do benefício durante o período de incapacidade é do INSS, ficando o segurado sem condições de sustento e manutenção da vida, em situação de duplo desamparo "limbo jurídico previdenciário-trabalhista", sem meios para prover seu sustento.

Sobre a capacidade laborativa, existem divergências de conceitos sobre a capacidade (capaz/incapaz) atestada pelo médico perito do INSS com a capacidade (apto/inapto), atestada pelo médico do trabalho da empresa, bem como sobre a ordem preferencial para avaliação da capacidade laborativa.

Diante dessa situação, cada vez mais usual, da indevida alta médica praticada pela autarquia previdenciária, que acaba deixando o segurado em situação de insubsistência, bem como gerando às empresas problemas trabalhistas de difícil equacionamento, cabe analisar, acerca dos limites dessa responsabilidade diante da postura do órgão previdenciário incompatíveis com sua missão social, bem como a responsabilidade do empregador.

O segundo capítulo tratou o conceito de Seguridade Social a partir da Constituição de Federal de 1988, bem como os seus três subsistemas: Saúde, Assistência Social e Previdência Social, indicando suas principais diferenças e características individuais.

O terceiro capítulo abordou o benefício de auxílio-doença, principal benefício, objeto de estudo do presente trabalho, contextualizado o seu conceito, requisitos para aquisição da qualidade de segurado, a carência para ter direito ao benefício, a constatação da incapacidade, a incapacidade posterior à filiação, a duração e fixação de prazo do benefício, as espécies do benefício de auxílio-doença (previdenciário e acidentário), o requerimento do benefício, a condição para o segurado que exerce mais de uma atividade, a data do Início do benefício e sua cessação, o requerimento de novo benefício em 60 dias, o instituto da alta programada, o Pedido de Prorrogação — PP, as competências e encargos do perito médico do INSS e o comunicado de decisão.

O benefício de auxílio-doença é pleiteado pelos trabalhadores, que mantenham a condição de segurando perante a Previdência Social e caso venham a ficar incapacitados para exercer o trabalho ou a sua atividade habitual por mais de 15 (quinze) dias consecutivos, acarretando a suspensão do contrato de trabalho, durante o período em que o segurado permanecer incapacitado, tendo como finalidade básica, substituir a remuneração do trabalhador quando esse se encontra incapacitado para o trabalho.

O art. 59 da Lei n. 8.218/1991 garante o benefício de auxílio-doença aos segurados, que após cumprindo o período de carência quando for o caso, estiver incapacitado para o trabalho ou para a sua atividade habitual por mais de 15 dias.

Já o § 3º do art. 60 da referida lei, dispõe que é de responsabilidade da empresa, pagar ao segurado empregado, durante os primeiros quinze dias consecutivos ao do afastamento da atividade por motivo de doença.

Após afastamento médico das atividades laborativas, por período superior a 15 (quinze) dias, o segurado deve passar por perícia médica previdenciária, cabendo ao médico perito do INSS emitir laudo/parecer atestando, se o segurado está capaz ou não para seu trabalho ou exercício da atividade habitual.

Conforme art. 63 da Lei n. 8.213/1991, quando o segurado estiver em gozo de auxílio-doença será considerado pela empresa como licenciado, ou seja, o seu contrato de trabalho permanecerá suspenso.

Desta maneira, o art. 476 da CLT, dispõe que durante a vigência do auxílio-doença, o contrato de trabalho ficará suspenso, a saber "em caso de seguro-doença ou auxílio-enfermidade, o empregado é considerado em licença não remunerada, durante o prazo desse benefício".

Assim, o quarto capítulo versou sobre a suspensão do contrato de trabalho e faz uma breve distinção entre os Institutos da interrupção e suspensão do contrato de Trabalho, analisando especificamente, a suspensão do contrato de trabalho com a concessão do auxílio-doença.

Transcorrida a data da cessação do benefício e/ou esgotadas as possibilidades de pedido de prorrogação, sendo mantida a alta médica previdenciária, caso não recorra da decisão administrativamente ou judicialmente, deverá o segurado retornar ao trabalho ou às atividades habituais, devendo o empregado, passar pelo médico da empresa, para avaliação, nos casos de afastamentos superiores a 30 (trinta) dias, conforme definido no item 7.4.3.3, da NR-7.

Ainda, o Item 7.4.4.3, inciso *e*, da NR-7, define como prerrogativa do Médico do Trabalho a aptidão/inaptidão para o trabalho, devendo constar no ASO – Atestado de Saúde Ocupacional: "definição de apto ou inapto para a função específica que o trabalhador vai exercer, exerce, ou exerceu".

Em conformidade com a NR-7, as empresas e instituições que admitam empregados, têm como obrigação, a elaboração e implementação do Programa de Controle Médico de Saúde Ocupacional — PCMSO, com o objetivo de promoção e preservação da saúde do conjunto dos seus trabalhadores. O quinto capítulo contextualiza o PCMSO, bem como traz conceitos e particularidades sobre o médico do trabalho, médico especialista, o exame médico de retorno ao trabalho, o Atestado de Saúde Ocupacional — ASO e a definição de aptidão e inaptidão para o trabalho.

O segurado em gozo de auxílio-doença que estiver insuscetível de recuperação para o exercício do trabalho ou atividade habitual, deverá ser encaminhado para o Programa de Reabilitação Profissional a cargo do INSS.

Dessa forma, dentre os serviços previstos na Lei n. 8.213/1991, destaca-se a reabilitação profissional, em razão de estar relacionada com os direitos sociais relativos à saúde, trabalho e previdência social. O art. 62 da referida Lei, garante ao segurado em gozo de auxílio doença, insusceptível de recuperação para atividade habitual, o processo de reabilitação profissional, bem como a manutenção ao benefício previdenciário, até que ele esteja habilitado a exercer nova função.

O referido artigo tratou da reabilitação profissional, nos casos de segurado em gozo de auxílio-doença, onde não há possibilidade de recuperação para o exercício da atividade habitual, assim cabe ao INSS encaminhar o segurado para reabilitação, e não a empresa realizar a readaptação interna.

Nessa linha, o sexto capítulo esclareceu, quando necessária a mudança de função/atividade, fazendo distinção entre as principais características dos institutos da Reabilitação Profissional oficial a cargo do INSS e a Readaptação Funcional interna, realizada diretamente pela empresa, evidenciando alguns cuidados, ou melhor dizendo, "prejuízos" que a empresa poderá ter com a readaptação funcional interna.

Como é sabido, vem ocorrendo com frequência do segurado, após alta médica previdenciária, ao passar em exame médico de retorno junto ao médico do trabalho da empresa, após avaliação, ser considerado Inapto para o retorno, ou seja, decisão contraria a do médico perito do INSS, sendo impedido o seu retorno, caracterizando o chamado "limbo jurídico previdenciário-trabalhista".

Ocorrendo o "limbo", o trabalhador que é a parte mais prejudicada da relação, se encontrará no seguinte contexto: o INSS por considerar o trabalhador, segurado da Previdência Social, capacitado para desenvolver o seu trabalho, cessa o pagamento do benefício previdenciário de auxílio-doença. Já o empregador por entender que o trabalhador ainda não tem condições de retorno ao trabalho, o mantém afastado e o seu contrato de trabalho suspenso, sem o pagamento de salário.

O INSS sustenta que o trabalhador não está incapacitado para o exercício de qualquer atividade laboral e que é responsabilidade da empresa retorná-lo na função, ou readequar este trabalhador em outra atividade.

Já o empregador alega que não pode receber o trabalhador ao qual foi submetido a análise do Médico do Trabalho e considerado inapto para retornar às atividades habituais, sustentando que seria uma irresponsabilidade colocar a integridade física deste trabalhador em risco e assumir a responsabilidade de um eventual acidente do trabalho ou agravamento da doença, bem como correr riscos trabalhistas, como equiparação salarial, ao readaptar o trabalhador em outra função, sem o mesmo passar pelo setor de reabilitação profissional do INSS.

A empresa após identificar que o empregado não reúne condições de retornar ao trabalho, teme em permitir o trabalho com riscos de ocorrência ou agravamento de acidente do trabalho, cabendo a ela esse zelo, pois está obrigada a agir de forma a proteger a saúde e a segurança do trabalhador, cumprindo as normas de segurança e medicina do trabalho, na forma do art. 157 da CLT.

Pois bem, diante desse impasse caracterizado como limbo jurídico previdenciário-trabalhista, o sétimo capítulo abordou o tema, procurando exemplificar e esclarecer pontos importantes que devem ser analisados para avaliação da capacidade laborativa, as controvérsias existente entre as decisões do médico perito do INSS e médico do trabalho da empresa, analisar as diferenças do conceito de incapaz e inapto para o trabalho, verificando na legislação atual se existe ordem de preferência sobre a avalição da incapacidade e qual decisão deve prevalecer nos casos divergentes, a do médico perito ou do médico do trabalho da empresa. Por fim, analisa as responsabilidades do Empregador e do INSS.

A posição majoritária da jurisprudência trabalhista é desfavorável a empresa, impondo a ela, o ônus pelo pagamento do salário durante o impasse, ou seja, o período do "limbo", assim por sua vez, no capítulo oitavo apresentou-se as principais decisões de nossos tribunais.

Por fim, o nono capítulo expôs a conclusão, fazendo uma reflexão sobre a importância da discussão do tema, não apenas pelo viés econômico, mas com foco no direito do empregado e em defesa a sua dignidade.

Para a execução dos objetivos propostos, será realizada análise bibliográfica a respeito do tema, em especial sobre Direito Constitucional, Direito do Trabalho e Normas Regulamentadoras do Ministério do Trabalho, buscando conceitos e definições para apoio e desenvolvimento da pesquisa.

O método de abordagem utilizado será o dedutivo, com objetivo de verificar a aplicação dos conceitos e dispositivos legais à realidade fática.

Capítulo 2

Seguridade Social

O termo Seguridade Social foi introduzido na Constituição Federal Brasileira de 1988. Com a promulgação da Constituição, gerou a população, perspectiva de melhoria nas condições de vida da sociedade, pois o alicerce da Seguridade Social previsto na Constituição tem como base a proteção social de três programas sociais de maior relevância, a Saúde, como direito de todos e dever do Estado, a Assistência Social, proporcionado a quem dela necessitar, independentemente de contribuição à seguridade social, e por fim, a previdência, com caráter contributivo, ligado ao direito fundamental à previdência, compostas de benefícios e serviços, em razão dos segurados e dependentes.

Para melhor análise e entendimento dos programas, a seguir serão tratadas as suas características.

2.1. A Seguridade Social na Constituição Federal de 1988

A Constituição Federal de 1988, que instituiu o Sistema de Seguridade Social, apresentou uma expressiva mudança no tratamento dado às políticas sociais, até então pelo Estado, na perspectiva do direito. Com base na proteção social, inclui programas formados pelos subsistemas Saúde, Previdência Social e Assistência Social.

A Seguridade Social está definida no *caput* do art. 194, da CF, como sendo, "conjunto integrado de ações de iniciativa dos poderes públicos e da sociedade, destinadas a assegurar os direitos relativos à saúde, à previdência e à assistência social".

Fabio Zambitte Ibrahim (2016, p. 3-5), ao se referir sobre a seguridade social, esclarece:

> O Brasil tem seguido está mesma lógica, sendo que a Constituição de 1988 previu um Estado do Bem-Estar Social em nosso território. Por isso, a proteção social brasileira é, prioritariamente, obrigação do Estado, o qual impõe contribuições obrigatórias a todos os trabalhadores. Hoje, no Brasil, entende-se por seguridade social o conjunto de ações do Estado, no sentido de atender às necessidades básicas de seu povo nas áreas da Previdência Social, Assistência Social e Saúde.
>
> [...]
>
> A rede protetiva formada pelo Estado e por particulares, com contribuições de todos, incluindo parte dos beneficiários dos direitos, no sentido de estabelecer ações positivas no sustento de pessoas carentes, trabalhadores em geral e seus dependentes, providenciando a manutenção de um padrão mínimo de vida.

Como visto, a Seguridade Social instituída na CF de 1988, constituiu uma rede de proteção, formada pelo Estado e participação da sociedade, que garante a manutenção de padrão mínimo de vida e atendimento das necessidades básicas do povo, por meio de programas destinados a assegurar os direitos a Saúde, Previdência Social e Assistência Social.

2.2. Saúde

Até a promulgação da Constituição Federal de 1988, o subsistema "saúde", não era um direito universal, tinha natureza contributiva, ou seja, era assegurado apenas a quem contribuísse, estando vinculado ao Instituto de Assistência Médica da Previdência Social — INAMPS.

Com a Constituição Federal de 1988, a "saúde" passou a ser direito de todos e dever do Estado, mediante políticas sociais e econômicas que devem ser observados pelo Estado e pela sociedade no desenvolvimento de ações que visem à promoção, à proteção e à recuperação da saúde no país, conforme redação do seu art. 196, que assim dispõe:

> Art. 196. A saúde é direito de todos e dever do Estado, garantido mediante políticas sociais e econômicas que visem à redução do risco de doença e de outros agravos e ao acesso universal e igualitário às ações e serviços para sua promoção, proteção e recuperação.

Pela simples leitura do art. 196 da CF, observa que o subsistema "saúde" tem finalidade muito ampla, pois não possui restrição ou limitação de acesso, uma vez que é garantida para todos, sem exigência de contribuição dos beneficiários.

Fabio Zambitte Ibrahim (2016, p. 8), ao se referir sobre o subsistema saúde, ensina:

> A saúde é direito de todos e dever do estado (art. 196 da CRFB/88), ou seja, independendo de contribuições, qualquer pessoa tem direito de obter atendimento na rede pública de saúde.
>
> Sendo assim, mesmo a pessoa que, comprovadamente, possua meios para patrocinar seu próprio atendimento médico terá a rede pública como opção válida. Não é lícito à Administração Pública negar atendimento médico a esta pessoa, com base em sua riqueza pessoal.
>
> [...]
>
> A saúde é segmento autônomo da seguridade social, com organização distinta. Tem o escopo mais amplo de todos os ramos protetivos, já que não possui restrição à sua clientela protegida — qualquer pessoa tem direito ao atendimento providenciado pelo Estado — e, ainda, não necessita de comprovação de contribuição do beneficiário direto.

Sobre o objetivo que se espera do subsistema saúde, ou seja, à redução do risco de doença e de outros agravos, Miguel Horvath Junior (2014, p. 125) ressalta:

> A saúde é direito de todos e dever do Estado. Objetiva a redução do risco de doenças, bem como a facilitação do acesso aos serviços de recuperação da higidez física e mental. Atua de forma preventiva e curativa. A ação preventiva visa evitar que a higidez e a integridade física do cidadão sejam atingidas, isto é, eliminar o risco que a vida em sociedade geralmente potencializa. A ação curativa trata de recuperar a pessoa que já teve a sua higidez ou integridade física afetada.

Logo, não importa a condição econômica do beneficiário, o Estado não poderá negar a ele, acesso à saúde pública, mesmo esta pessoa possuindo condições de prover a sua própria saúde.

Também fica claro o objetivo de promoção da saúde, mediante a redução e prevenção dos riscos de doença e outros agravos, bem como a recuperação do individuo que teve a sua higidez física ou mental afetada.

As ações e serviços de saúde são de relevância pública, por sua vez, cabe ao Poder Público, regulamentá-las, fiscalizá-las e controlá-las, nos termos da lei. A execução será efetivada pelo Estado diretamente, ou por terceiros, pessoas física ou jurídica de direito privado, inteligência do art. 197 da CF que assim dispõe:

> Art. 197. São de relevância pública as ações e serviços de saúde, cabendo ao Poder Público dispor, nos termos da lei, sobre sua regulamentação, fiscalização e controle, devendo sua execução ser feita diretamente ou através de terceiros e, também, por pessoa física ou jurídica de direito privado.

O Sistema Único de Saúde — SUS foi instituído também com a promulgação da Constituição Federal de 1988, passando a ser financiado com recursos do orçamento da Seguridade Social, da União, dos Estados, do Distrito Federal, dos Municípios, além de outras fontes, nas suas proporções, conforme disposição legal.

Conforme art. 198 da CF, o sistema único foi constituído por meio de ações e serviços públicos de saúde, que integram uma rede regionalizada e hierarquizada, organizado com as diretrizes: I – descentralização, com direção única em cada esfera de governo; II – atendimento integral, com prioridade para as atividades preventivas, sem prejuízo dos serviços assistenciais; III – participação da comunidade.

Ainda, conforme disposição do art. 199 da CF, é permitido que entidades da iniciativa privada, possam atuar livremente na área da saúde, de forma a complementar o SUS, mediante convenio ou contrato de direito público, desde que respeitado a preferência por entidades filantrópicas e as sem fins lucrativos. Porém há restrição da destinação de recursos públicos para auxílios ou subvenções às instituições privadas com fins lucrativos e permissão da participação de empresas ou capitais estrangeiros na assistência à saúde no Brasil, apenas para os casos previstos em lei. Nesse caso, embora o dever de prestar o serviço seja do Estado, a iniciativa privada pode atuar livremente na prestação de serviços de saúde, a expensas dos usuários.

Como visto o direito à saúde é universal, livre de contribuição por parte dos beneficiários, que visa à promoção e recuperação da saúde e reabilitação do beneficiário.

2.3. Assistência Social

Diferente da Saúde, que como garantia constitucional é direito de todos e dever do Estado, a Assistência Social trata apenas dos hipossuficientes, ou seja, daqueles que não possuem condições de prover sua própria manutenção, sem exigir deles, qualquer contribuição à seguridade social, com objetivo de proteção à família, à maternidade, à infância, à adolescência e à velhice, amparo às crianças e adolescentes carentes, a promoção da integração ao mercado de trabalho, a habilitação e reabilitação das pessoas portadoras de deficiência e a promoção de sua integração à vida comunitária e a garantia de um salário mínimo de benefício mensal à pessoa portadora de deficiência e ao idoso que comprovem não possuir meios de prover à própria manutenção ou de tê-la provida por sua família, conforme dispuser a lei.

Registre-se que o *caput* do art. 203 da CF que trata sobre o subsistema assistência social, estabelece que:

> Art. 203. A assistência social será prestada a quem dela necessitar, independentemente de contribuição à seguridade social, e tem por objetivos:
>
> I – a proteção à família, à maternidade, à infância, à adolescência e à velhice;
>
> II – o amparo às crianças e adolescentes carentes;
>
> III – a promoção da integração ao mercado de trabalho;
>
> IV – a habilitação e reabilitação das pessoas portadoras de deficiência e a promoção de sua integração à vida comunitária;
>
> V – a garantia de um salário mínimo de benefício mensal à pessoa portadora de deficiência e ao idoso que comprovem não possuir meios de prover à própria manutenção ou de tê-la provida por sua família, conforme dispuser a lei.

Pela análise do artigo, observa-se que por meio de serviços assistenciais e prestações pecuniárias, o subsistema assistência social atua contribuindo com as necessidades básicas da pessoa que se encontra em estado de pobreza.

Desse modo, Fabio Zambitte Ibrahim (2016, p. 12), ao se referir sobre o subsistema assistência social, elucida:

> A assistência social será prestada a quem dela necessitar (art. 203 da CRFB/88), ou seja, àquelas pessoas que não possuem condições de manutenção própria. Assim como a saúde, independe de contribuição direta do beneficiário. O requisito para o auxílio assistencial é a necessidade do assistido.
>
> Nesse caso, a pessoa dotada de recursos para a sua manutenção, logicamente, não será destinatário das ações estatais na área assistencial, não sendo possível o fornecimento de benefício assistencial pecuniário a esta pessoa.
>
> [...]
>
> A assistência social tem por objetivos a proteção à família, à maternidade, à infância, à adolescência e à velhice; o amparo às crianças e adolescentes carentes; a promoção da integração ao mercado de trabalho; a habilitação e a reabilitação das pessoas portadoras de deficiência e a promoção de sua integração à vida comunitária e a garantia de 1 (um) salário-mínimo de benefício mensal à pessoa portadora de deficiência e ao idoso que comprovem não possuir meios de prover a própria manutenção ou de tê-la provida por sua família (art. 2º da Lei n. 8.742/93).

Da mesma forma, Miguel Horvath Junior (2014, p. 124) ressalta:

> Assistência Social é a forma de proteção social que possui as seguintes características: atua após a instalação do estado de necessidade; possui natureza não contributiva; constitui dever do Estado e atua subsidiariamente à proteção

previdenciária, ou seja, seus destinatários são as pessoas que não estão incluídas no sistema previdenciário, daí afirmar-se que funciona como uma segunda rede de proteção social. Assistência social é um sistema custeado pela coletividade, mediante o qual se confere aos desamparados sociais o direito à proteção social, nos termos da lei.

A Lei Federal n. 8.742/1993, que dispõe sobre a organização da Assistência Social, define os serviços assistenciais como sendo as atividades continuadas que visem à melhoria de vida da população e cujas ações, são voltadas para as necessidades básicas, na forma da lei.

Nesse caso, nota-se que a lei ao tratar de "ações voltadas para a necessidade básica", refere que atuação protetiva da assistência social, é fornecer apenas aquilo que for absolutamente indispensável para cessar o atual estado de necessidade do assistido, visando à melhoria das condições de vida das pessoas que não possuam renda suficiente para a sua manutenção.

2.4. Previdência Social

No dia a dia dos trabalhadores ocorrem diversas situações que podem afetar sua situação social, sendo ela "riscos sociais", a exemplo: violência urbana, aumento do custo familiar devido a novos membros, redução das receitas devido a falecimento do responsável pela manutenção da família ou por sua prisão, acidentes pessoais não relacionados ao trabalho, acidentes ou doenças provocados pelo trabalho, invalidez, envelhecimento, desemprego involuntário, entre outros.

Nesses casos, a seguridade por meio do subsistema Previdência Social, assegura através de ação protetora e solidária do sistema, a manutenção de renda, quando ocorrer os riscos sociais, mediante diversas prestações previdenciárias disponibilizadas pela Lei n. 8.213/1991.

A Previdência Social é um direito fundamental social, assegurado a todos os segurados e seus dependentes, que visa à garantia de recursos (substituição da sua remuneração por outro rendimento), quando ocorrer os riscos sociais e situações em que o segurado, não pode obter seus próprios recursos (contingência social).

O art. 201 da CF assim dispõe:

Art. 201. A previdência social será organizada sob a forma de regime geral, de caráter contributivo e de filiação obrigatória, observados critérios que preservem o equilíbrio financeiro e atuarial, e atenderá, nos termos da lei, a:

I – cobertura dos eventos de doença, invalidez, morte e idade avançada;

II – proteção à maternidade, especialmente à gestante;

III – proteção ao trabalhador em situação de desemprego involuntário;

IV – salário-família e auxílio-reclusão para os dependentes dos segurados de baixa renda;

V – pensão por morte do segurado, homem ou mulher, ao cônjuge ou companheiro e dependentes, observado o disposto no § 2º.

[...]

A respeito da Previdência Social, assim destaca o sítio da Previdência Social:

> A Previdência Social é o seguro social para a pessoa que contribui. É uma instituição pública que tem como objetivo reconhecer e conceder direitos aos seus segurados. A renda transferida pela Previdência Social é utilizada para substituir a renda do trabalhador contribuinte, quando ele perde a capacidade de trabalho, seja pela doença, invalidez, idade avançada, morte e desemprego involuntário, ou mesmo a maternidade e a reclusão.

Segundo Miguel Horvath Junior (2014, p. 124):

> A previdência social é forma de proteção social que tem por finalidade assegurar a manutenção dos beneficiários (segurados e dependentes) quando os riscos e contingências sociais ocorrerem. Previdência vem do latim *pre videre*, que significa ver com antecipação as contingências sociais e preparar-se para enfrentá-las.
>
> A previdência tem como objetivo a proteção dos eventos previstos no art. 201 da Constituição Brasileira, a sabe: doença, invalidez, morte, idade, reclusão, proteção à maternidade, proteção contra desemprego involuntário, encargos familiares e acidente do trabalho.
>
> A previdência social pressupõe o pagamento de contribuições e riscos predeterminados (com determinada previsão financeira para cobri-los)

Por outro lado, por ser um sistema solidário, para ter direito as prestações previdenciárias, exige se a contraprestação direta do segurado, para que ele ou seus dependentes, quando for o caso, possam fazer jus às prestações previdenciárias, ou seja, seus "benefícios".

Cabe a União, assegurar um regime geral de Previdência Social, de caráter contributivo e de filiação obrigatória, bem como, observar e manter critérios que preservem o equilíbrio financeiro e atuarial, com a finalidade de oferecer prestações previdenciárias, que acobertem as contingências sociais, previstas na Constituição.

Dentre os benefícios da Previdência Social, trataremos a seguir, especificamente do auxílio-doença, benefício previdenciário que tem como objetivo cobrir o risco social "doença", quando essa tornar temporariamente o segurado incapaz para seu o trabalho ou atividade habitual, garantindo assim a possibilidade de manter a sua subsistência enquanto perdurar a incapacidade laborativa, ou seja, fato gerador do benefício.

Capítulo 3

Auxílio-Doença

O trabalhador busca a obtenção dos recursos básicos para a sua sobrevivência e subsistência de sua família, por meio do seu trabalho. Em caso de incapacidade para o trabalho sua renda ficará comprometida, dificultando a sua sobrevivência e manutenção da dignidade. Como todos estamos suscetíveis de ficar doentes e a qualquer tempo incapacitados, principalmente para a realização do trabalho, o benefício previdenciário de auxílio-doença, tem como principal objetivo, a garantia de renda para o trabalhador nos momentos de incapacidade para o trabalho ou suas atividades habituais e com o benefício, sobreviva e mantenha o sustento próprio e de sua família até a sua recuperação.

O benefício previdenciário de Auxílio-Doença, visa a manutenção da subsistência do segurado e de sua família (dignidade do trabalhador) até a sua recuperação.

3.1. Conceito

O auxílio-doença é um benefício previdenciário, previsto nos arts. 59 a 64 da Lei n. 8.213/1991 que dispõe sobre os Planos de Benefícios da Previdência Social, e arts. 71 a 80 do Decreto n. 3.048/1999 que dispõe sobre o Regulamento da Previdência Social, devido ao segurado do INSS, que depois de cumprido o prazo de carência, ficar acometido por doença ou acidente que o torne incapaz temporariamente, por mais de 15 dias consecutivos, para o trabalho ou para sua atividade habitual, desde que a doença ou lesão não seja anterior à filiação no Regime Geral da Previdência.

Nos termos do art. 59 da Lei n. 8.213/1991 o auxílio-doença será devido:

Art. 59. O auxílio-doença será devido ao segurado que, havendo cumprido, quando for o caso, o período de carência exigido nesta Lei, ficar incapacitado para o seu trabalho ou para a sua atividade habitual por mais de 15 (quinze) dias consecutivos.

Sobre o tema, o doutrinador Fabio Zambitte Ibrahim (2014, p. 650) em sua obra *Curso de Direito Previdenciário*, ressalta que o auxílio-doença "é benefício não programado, decorrendo da incapacidade temporária do segurado para o seu trabalho habitual. Porém, somente será devido se a incapacidade for superior a 15 (quinze) dias consecutivos".

Do mesmo modo, Castro e Lazzari (2014, p. 766) conceituam o auxílio-doença como:

É um benefício concedido ao segurado impedido de trabalhar por doença ou acidente, ou por prescrição médica (por exemplo no caso de gravidez de risco) por mais de 15 dias consecutivos. No caso dos empregados urbanos e rurais, os primeiros 15 dias são pagos pelo empregador, exceto o doméstico, e a Previdência Social paga a partir do 16º dia de afastamento do trabalho.

O auxílio-doença tem caráter temporário, pois sua concessão depende da constatação e duração da incapacidade para o trabalho ou atividade habitual, bem como, necessária à convicção por parte da perícia médica do INSS, da possibilidade da recuperação do segurado, após se submeter a tratamento ou passar por processo de reabilitação profissional, com o consequente retorno à atividade remunerada.

Como visto, por ser temporário, o benefício do auxílio-doença deve ser mantido por curtos períodos, quando o segurado está incapacitado para suas ocupações habituais (trabalho e ou atividades).

A respeito da provisoriedade do auxílio-doença, Fabio Zambitte Ibrahim (2014, p. 652) ensina:

> O auxílio-doença é benefício temporário, pois perdura enquanto houver convicção, por parte da perícia médica, da possibilidade de recuperação ou reabilitação do segurado, com o consequente retorno à atividade remunerada.

Nesse mesmo sentido, os doutrinadores Coelho, Assad e Coelho, (2016, p. 227) ressaltam que:

> O gozo do auxílio-doença pressupõe incapacidade temporária para o exercício da atividade remunerada habitual do segurado. Desse modo, considera-se que é possível a recuperação do segurado após se submeter a tratamento. Diversamente do que ocorre com a aposentadoria por invalidez, que pressupõe impossibilidade de desempenho de qualquer atividade (incapacidade geral de ganho — incapacidade multiprofissional), para a concessão do auxílio-doença é necessário apenas que a incapacidade de trabalho atinja a atividade habitual do segurado (incapacidade profissional — incapacidade uniprofissional). Dessa forma, quando um segurado exerce mais de uma atividade pode ser que a incapacidade atinja apenas uma delas e, assim possa continuar a desempenhar a(s) outras(s) atividades(s). Outro aspecto importante é que a aposentadoria por invalidez pressupõe incapacidade definitiva (duração da incapacidade) e em se tratado de auxílio-doença a incapacidade é temporária.

Para concessão do benefício de auxílio-doença, a incapacidade deverá ser passível de recuperação ou reabilitação e não deve se estender por todas as possibilidades de atuação funcional do segurado, mas tão somente ao seu trabalho ou atividade habitual. Nos casos onde não for possível a recuperação e reabilitação, o benefício será o de aposentadoria por invalidez.

Nesse sentido, a Advocacia-Geral da União — AGU, em 2008 editou a Súmula n. 25, esclarecendo que:

> Será concedido auxílio-doença ao segurado considerado temporariamente incapaz para o trabalho ou sua atividade habitual, de forma total ou parcial, atendidos os demais requisitos legais, entendendo-se por incapacidade parcial aquela que permita sua reabilitação para outras atividades laborais.

Como visto, desde a concessão do benefício de auxílio-doença, a Previdência Social espera, que o segurado recupere a sua capacidade laborativa e o trabalhador retorne à vida economicamente ativa.

Desde que preenchidos os requisitos legais como: qualidade de segurado, carência, incapacidade para o trabalho, o segurado terá direito ao benefício previdenciário de auxílio-doença, quantas vezes dele necessitar, com a finalidade de amparar o segurado que ficar incapacitado para o seu trabalho ou para a sua atividade habitual por mais de quinze dias consecutivos.

Por fim, é de senso comum, que o benefício de auxílio-doença, é uma importante prestação da Previdência Social, pois protege os segurados, mediante garantia de renda, nos momentos de enfermidade, face à incapacidade laboral instalada.

3.2. Qualidade de segurado

O art. 11 da Lei n. 8.213/1991 possui rol taxativo de quem são os segurados obrigatórios da Previdência Social.

Dessa forma, possui qualidade de segurado, as pessoas físicas que em virtude de exercerem uma atividade remunerada urbana ou rural, ainda que sem vínculo de emprego, são obrigadas a se filiarem ao sistema previdenciário.

Sobre o tema, Castro e Lazzari (2010, p. 112-114), esclarece o conceito de segurado para Previdência Social como:

> A pessoa física que exerce atividade remunerada, efetiva ou eventual, de natureza urbana ou rural, com ou sem vínculos de emprego, a título precário ou não, bem como aquele que a lei define como tal, observadas, quando for o caso, as exceções previstas no texto legal, ou exerceu alguma atividade das mencionadas acima, no período imediatamente anterior ao chamado "período de graça". Também é segurado aquele que se filia facultativa e espontaneamente à Previdência Social, contribuindo para o custeio das prestações sem estar vinculado obrigatoriamente ao Regime Geral de Previdência Social – RGPS ou a outro regime previdenciário qualquer.

Além dos segurados obrigatórios da Previdência Social, também detém a qualidade de segurado da previdência, as pessoas físicas que não esteja exercendo atividade remunerada que a enquadre como segurado obrigatório, sendo facultativa a filiação ao sistema, bastando para tanto, contribuir com a previdência e garantir os direitos aos benefícios oferecidos por ela.

3.3. Carência

Outro requisito para a concessão do benefício de auxílio-doença, é que o segurado tenha cumprido o período de carência de 12 (doze) contribuições mensais, também chamado de período de graça, anteriores a data do afastamento ou do início da incapacidade, conforme estabelece o art. 25, incido I, da Lei n. 8.213/1991:

> Art. 25. A concessão das prestações pecuniárias do Regime Geral de Previdência Social depende dos seguintes períodos de carência, ressalvado o disposto no art. 26:
>
> I – auxílio-doença e aposentadoria por invalidez: 12 (doze) contribuições mensais;
>
> [...]

Pois bem, está é a regra, por outro lado, há exceções quando a incapacidade for por acidente trabalho, doença ocupacional ou doença grave, contagiosa ou incurável (especificadas em lista elaborada pelos Ministérios da Saúde e da Previdência Social) de qualquer natureza, nesse caso não é exigida a carência de 12 (doze) contribuições mensais.

Nesses termos o art. 26, inciso II, da Lei n. 8.213/1991 esclarece:

Art. 26. Independe de carência a concessão das seguintes prestações:

II – auxílio-doença e aposentadoria por invalidez nos casos de acidente de qualquer natureza ou causa e de doença profissional ou do trabalho, bem como nos casos de segurado que, após filiar--se ao RGPS, for acometido de alguma das doenças e afecções especificadas em lista elaborada pelos Ministérios da Saúde e da Previdência Social, atualizada a cada 3 (três) anos, de acordo com os critérios de estigma, deformação, mutilação, deficiência ou outro fator que lhe confira especificidade e gravidade que mereçam tratamento particularizado;

Atualmente a lista das doenças e afecções está especificada no art. 1º da Portaria Interministerial n. 2.998/2001, senão vejamos:

Art. 1º As doenças ou afecções abaixo indicadas excluem a exigência de carência para a concessão de auxílio-doença ou de aposentadoria por invalidez aos segurados do Regime Geral de Previdência Social — RGPS:

I – tuberculose ativa;

II – hanseníase;

III- alienação mental;

IV- neoplasia maligna;

V – cegueira;

VI – paralisia irreversível e incapacitante;

VII- cardiopatia grave;

VIII – doença de Parkinson;

IX – espondiloartrose anquilosante;

X – nefropatia grave;

XI – estado avançado da doença de Paget (osteíte deformante);

XII – síndrome da deficiência imunológica adquirida — AIDS;

XIII – contaminação por radiação, com base em conclusão da medicina especializada; e

XIV – hepatopatia grave.

Embora a legislação preveja que a lista das doenças e afecções deve ser atualizada a cada 3 (três) anos, sua última atualização ocorreu em 2001.

Como visto, a Previdência Social por ser um sistema de caráter contributivo, o segurado para fazer jus ao benefício de auxílio-doença, necessita ter um número mínimo de contribuições, ou seja, qualidade de segurado, exceto nos casos de incapacidade por acidente trabalho, doença ocupacional ou doença grave, contagiosa ou incurável, especificadas em lista elaborada pelos Ministérios da Saúde e da Previdência Social, onde, devido ao seu caráter excepcional ou especial, não há carência, e não é exigida número mínimo de contribuições do segurado.

3.4. Incapacidade — Constatação

Um dos requisitos mais importante e polêmico devido a sua subjetividade para a concessão do auxílio-doença é a constatação da incapacidade do segurado, que o impeça de realizar o seu trabalho ou atividade habitual e o impossibilite de garantir a sua subsistência.

A incapacidade deve ser reconhecida por meio de Parecer da Perícia Médica da Previdência Social, que atestará a incapacidade física e/ou mental.

Para ter direito a concessão do auxílio-doença, a incapacidade obrigatoriamente deve ser temporária e possuir prognóstico de recuperação para retorno ao trabalho ou atividade habitual, bem como possa o segurado ser reabilitado e recuperado para o exercício de outro trabalho ou atividade.

Segundo a Organização Mundial de Saúde — OMS (2008) *apud* Mendes (2013, p. 261), incapacidade (*disability*) é qualquer redução ou falta (resultante de uma "deficiência" ou de uma "disfunção") da capacidade para realizar uma atividade, de uma maneira que seja considerada normal para o ser humano.

Dessa forma, a incapacidade ocorre, quando as pessoas não conseguem realizar o seu trabalho ou atividade de forma habitual.

Quando falamos de avaliação da incapacidade para fins de concessão de benefícios previdenciários, cabe ao Perito Médico Previdenciário a avaliação da capacidade laborativa dos segurados da Previdência Social que solicitam o benefício de Auxílio-Doença, ou seja, verificar se o segurado tem capacidade ou incapacidade para desenvolver seu trabalho ou atividade habitual.

A respeito, o § 3º do art. 30 da Lei n. 11.907/2009 estabelece que compete privativamente ao Perito Médico Previdenciário ou de Perito Médico da Previdência Social, em especial, entre outros, a emissão de parecer conclusivo quanto à capacidade laboral para fins previdenciários. Como visto, cabe ao médico perito do INSS a constatação da incapacidade e emissão de parecer.

A incapacidade para o trabalho deve ser comprovada mediante exame médico realizado pela perícia médica do INSS (GOES, 2016, p. 275).

Do mesmo modo, Castro e Lazzari (2014, p. 771) afirmam que "a concessão do auxílio-doença está sujeita à comprovação da incapacidade laborativa em exame realizado pela perícia médica da Previdência Social".

A incapacidade ocorre quando o trabalhador, segurado da Previdência Social, seja por problema decorrente da idade, enfermidade ou devido a acidente de trabalho, se torne incapacitado para realizar o seu trabalho ou atividade habitual, para a qual tinha plena capacidade de realização, antes do fato que o tornou incapaz, bem como, nos casos em que a manutenção nessa atividade/trabalho, também seja um fator de risco para o agravamento da saúde do segurado.

Para fins previdenciários, a incapacidade Laboral está definida no *Manual de Perícia Médica da Previdência Social* (2018, p. 26-27) como:

> Incapacidade laborativa é a impossibilidade de desempenho das funções específicas de uma atividade, função ou ocupação habitualmente exercida pelo segurado, em consequência de alterações morfopsicofisiológicas provocadas por doença ou acidente.
>
> Deverá estar implicitamente incluído no conceito de incapacidade, desde que palpável e indiscutível no caso concreto, o risco para si ou para terceiros, ou o agravamento da patologia sob análise, que a permanência em atividade possa acarretar.

Nesse sentido, Miguel Horvath Júnior (2003. p. 157) ao tratar sobre a incapacidade laboral ensina:

> Para fins previdenciários é valorizada a "incapacidade laborativa" ou "incapacidade para o trabalho", que foi definida pelo INSS como a impossibilidade do desempenho das funções específicas de uma atividade (ou ocupação), em consequência de alterações morfopsicofisiológicas provocadas por doença ou acidente. (...) Para a imensa maioria das situações, a Previdência trabalha apenas com a definição apresentada, entendendo "impossibilidade" como incapacidade para atingir a média de rendimento alcançada em condições normais pelos trabalhadores da categoria da pessoa examinada. Na avaliação da incapacidade laborativa, é necessário ter sempre em mente que o ponto de referência e a base de comparação devem ser as condições daquele próprio examinado enquanto trabalhava, e nunca os da média da coletividade operária.
>
> (...) a incapacidade física ou mental para o exercício de uma atividade profissional, (que) pode decorrer de fatores fisiológicos (problemas decorrentes de idade avançada ou falta de idade para iniciar o trabalho) ou patológicos (enfermidades ou acidentes que comprometem a capacidade de trabalho do segurado) e manifesta-se com intensidade variável.

Já os doutrinadores Daniel Machado da Rocha e José Paulo Baltazar Junior (2015, p. 267) descrevem a incapacidade laboral como:

> A incapacidade física ou mental para o exercício de uma atividade profissional, que pode decorrer de fatores fisiológicos (problemas decorrentes de idade avançada ou falta de idade para iniciar o trabalho) ou patológicos (enfermidades ou acidentes que comprometem a capacidade de trabalho do segurado) e manifesta-se com intensidade variável.

Na mesma esteira, Mara Aparecida Gimenes (2014, p. 17), define a incapacidade laboral como sendo:

> Situação em que o trabalhador, por doença ou acidente, encontra-se impossibilitado para o trabalho e recebe benefício de auxílio-doença ou acidentário da Previdência Social. A capacidade para o trabalho de uma pessoa compreende-se na faixa etária de 16 a 65 anos e está condicionada em diferentes aspectos

relacionados à saúde. O trabalho poderá ser um fator de risco para a saúde, tais como acidentes de trabalho e doenças ocupacionais. A existência da capacidade laboral depende diretamente das características e exigências do posto de trabalho.

Segundo Pulino (2001) *apud* Mendes (2013, p. 260), "a incapacidade é específica, no que se refere à atividade que vinha sendo desenvolvida pelo segurado do INSS no momento do inicio da incapacidade, ou ainda, quanto a outra que tenha desenvolvido no passado".

Relevante registrar, a importância, da avaliação da profissiografia do posto do trabalho a qual o segurado realiza a sua atividade/tarefa, para a avaliação da incapacidade.

Pelo exposto, observamos que não basta estar doente, pois isso não significa estar incapacitado, é preciso que o segurado esteja incapacitado parcial ou totalmente, por período temporal, o impedindo de trabalhar ou exercer o seu trabalho ou quaisquer umas de suas atividades habituais, quando for o caso.

Ainda, de acordo com o capítulo VII, do Manual de Perícia Médica da Previdência Social (2018, p. 27), que trata do conceito de Incapacidade, Invalidez e Deficiência, deve ser levada em consideração para avaliação da incapacidade: o grau (parcial ou total), a duração (temporária ou indefinida) e a profissão desempenhada (uniprofissional, multiprofissional ou omniprofissional), senão vejamos:

1.1. GRAU DA INCAPACIDADE LABORATIVA

Quanto ao grau, a incapacidade laborativa pode ser:

I – parcial: limita o desempenho das atribuições do cargo, sem risco de morte ou de agravamento, embora não permita atingir a meta de rendimento alcançada em condições normais; ou

II – total: gera impossibilidade de desempenhar as atribuições do cargo, função ou emprego.

1.2. DURAÇÃO DA INCAPACIDADE LABORATIVA

Quanto à duração, a incapacidade laborativa pode ser:

I – temporária: para a qual se pode esperar recuperação dentro de prazo previsível; ou

II – indefinida: é aquela insuscetível de alteração em prazo previsível com os recursos da terapêutica e reabilitação disponíveis à época.

1.3. INCAPACIDADE LABORATIVA E DESEMPENHO PROFISSIONAL

Quanto à profissão, a incapacidade laborativa pode ser:

I – uniprofissional: aquela que alcança apenas uma atividade, função ou ocupação específica;

II – multiprofissional: aquela que abrange diversas atividades, funções ou ocupações profissionais; ou

III – omniprofissional: aquela que implica na impossibilidade do desempenho de toda e qualquer atividade função ou ocupação laborativa, sendo conceito essencialmente teórico, salvo quando em caráter transitório.

Por exemplo, a diabetes é uma doença que o segurado pode ser portador, mas inicialmente, esta não o incapacite. Do mesmo modo, uma lesão devida a amputação de um membro, que naquele momento, inicialmente não o incapacite. Porém com o tempo, essa doença "diabetes" ou lesão "amputação" pode se agravar e tornar o segurado incapacitado para desenvolver o seu trabalho ou atividade habitual, e assim ter direito ao recebimento do auxílio-doença.

O advogado especialista em Direito Previdenciário Wladimir Novaes Martinez (2008) *apud* Mendes (2013, p. 262) ressalta que existem seis pressupostos para avaliação da capacidade sendo eles: Condições normais: o segurado deve ser avaliado com base no que exerce habitualmente de atividade laboral; Funções ordinárias: há necessidade do conhecimento da performance de cada atividade, como parâmetro previamente fixado; Ocupação determinante: a redução da capacidade refere-se especificamente à função desempenhada pelo trabalhador e não se estende para outra atividade; Segurança Laboral: a questão que se coloca neste item refere-se à necessidade de avaliar se o segurado, na sua atividade habitual, atende às regras de segurança pessoal e de segurança de seus colegas; Nível de qualidade: avalia o nível de qualidade do trabalho, visto que, em algumas situações, pode estar diminuída em razão da indisposição laboral; Continuidade do exercício: o recomendado é que o trabalhador realize os seus serviços com regularidade no curso do tempo.

O que se observa diante deste contexto, como sendo de extrema importância para avaliação da capacidade, que o Perito Médico Previdenciário, além do conhecimento da epidemiologia, legislação, tenha conhecimento do trabalho ou atividade desenvolvida, bem como as condições em que são desempenhadas, se a manutenção na realização dessa atividade possa agravar ou colocar em risco a saúde e integridade física do segurado ou terceiro, ou seja, a profissiografia, pois apenas a doença/lesão, sem qualquer repercussão na atividade laboral, não gera incapacidade.

Rene Mendes (2013, p. 263), ao tratar sobre o tema, salienta a respeito da profissiografia que:

> É um assunto extremamente caro ao Médico do Trabalho, em função da necessidade de conhecer com profundidade, as exigências psicofísicas a que será submetido o trabalhador em seu ambiente laboral. Exigências que, dito em outras palavras, relacionam-se ao que faz, a como faz, a quando faz, a onde faz, e a com frequência faz, intensidade e velocidade, por exemplo, o trabalhador exerce suas atividades etc. Cabe dizer que, além de o Médico do Trabalho, o perito médico do INSS também deve dominar o conhecimento relacionado às exigências psicofísicas a que está submetido o profissional, visto que, legalmente, é quem também faz vistorias técnicas em ambientes laborais para verificar eventuais inadequações.
>
> Aproveitamos para ressaltar que, no caso de uma inadequação do trabalhador à atividade laborativa, pode ocorrer o surgimento ou o agravamento de patologias, ou mesmo ser aumentado o risco de acidente. Por esta razão, a Norma Regulamentadora n. 17, do Ministério do Trabalho e Emprego, que se refere à Ergonomia, preconiza, em artigo inicial, a necessidade de adequar às características psicofisiológicas dos trabalhadores.

Para corroborar com esse raciocínio, da necessidade do médico perito conhecer a profissiografia, ou seja, as exigências psicofísicas "modus operandi" a que será submetido o trabalhador em seu ambiente laboral, para avaliação da capacidade laboral, a respeito, o livro *Perícia Médica* (2007, p. 146), editado pelo Conselho Federal de Medicina de Goiás, no capítulo sobre Perícia Médica Previdenciária, escrito por Luiz Carlos de Teive e Argolo e Bruno Gil de Carvalho Lima, esclarece:

> A profissiografia é outro fator a ser considerado na avaliação pericial, o que advém da própria natureza do benefício, que é por incapacidade 'de exercer determinada atividade'. Não seria possível fazer ilações sobre a possibilidade de um trabalhador exercer uma atividade desconhecendo-se o *modus operandi* inerente a ela. Esse aspecto não precisa ser avaliado pelo médico assistente, que tampouco tem o dever de manter-se inteirado sobre a constantemente alterada legislação previdenciária, ao contrário do perito médico.

Pelo exposto, pode se afirmar que a incapacidade laboral para fins previdenciários, ocorre quando o segurado, por motivo de doença ou acidente, fique impossibilitado temporariamente ou definitivamente, de desempenhar o seu trabalho ou atividade habitual e em exercício na ocasião de seu afastamento. A incapacidade não se resume em estar doente, compreendendo um juízo complexo, em que na avaliação pericial, o médico perito deve avaliar além da enfermidade (doença ou lesão), condição física/mental, deve conhecer as exigências do trabalho e atividade habitual do segurado "modus operandi", e obrigatoriamente verificar a concreta possibilidade de o segurado conseguir realizar, se a manutenção nessa atividade possa agravar ou colocar em risco a saúde ou integridade física de terceiro, ou seja, ter a capacidade para realizá-las, de forma que essa não prejudique o segurado. Após sua avaliação, caso a doença ou lesão o incapacite, cabe ao médico perito do INSS, a emissão de parecer afastando o segurado do trabalho ou atividade habitual, até a sua recuperação, ou encaminhando o segurado para a reabilitação ou aposentadoria.

3.4.1. Incapacidade posterior à filiação

Podem ocorrer situações em que o segurado ao filiar se a Previdência Social, já esteja acometido de doença ou lesão que o incapacite para o trabalho ou atividade habitual, nesse caso, o segurado não terá direito ao benefício. Exceção ocorre nos casos em que embora a doença/lesão seja anterior a filiação, a incapacidade ocorrer por progressão ou agravamento da doença ou lesão.

O art. 59 da Lei n. 8.213/1991 esclarece, que o segurado que após cumprindo o período de carência exigido pela lei, quando for o caso, ao ficar incapacitado para o seu trabalho ou para a sua atividade habitual por mais de 15 (quinze) dias consecutivo, terá direito ao auxílio-doença, porém, o parágrafo único do referido artigo, traz algumas exceções. Inicialmente, nos casos que o segurado se filiar a previdência já portador da doença ou lesão, não terá direito ao auxílio-doença, a não ser, se a incapacidade ocorrer por motivo de gradação ou agravamento, senão vejamos:

> Art. 59 [...]
>
> Parágrafo único. Não será devido auxílio-doença ao segurado que se filiar ao Regime Geral de Previdência Social já portador da doença ou da lesão invocada como causa para o benefício,

salvo quando a incapacidade sobrevier por motivo de progressão ou agravamento dessa doença ou lesão.

A legislação previdenciária é clara ao prever que não será devido o auxílio-doença quando o segurado filiar-se ao Regime Geral da Previdência Social, já sendo portador da doença ou da lesão, invocada como a causa para sua concessão, salvo quando a incapacidade sobrevier por motivo de progressão ou agravamento dessa doença ou lesão.

A respeito, a Súmula n. 53 da TNU assim dispõe: "Não há direito a auxílio-doença ou a aposentadoria por invalidez quando a incapacidade para o trabalho é preexistente ao reingresso do segurado no Regime Geral de Previdência Social".

Assim, importante ao interpretar a legislação previdenciária, nos casos de doença e lesão anteriores a filiação no Regime Geral Previdenciário, observar, que para a concessão do benefício de auxílio-doença, o INSS deve considerar a Data do Início da Incapacidade — DII e não a Data do Início da Doença — DID, uma vez que, conforme previsão legal, não há impedimento para que o segurado filie se ao sistema já portador de uma doença ou lesão, desde que no momento da filiação, esta não o torne incapaz para o trabalho ou atividade habitual, contudo, ocorrendo a progressão ou agravamento da doença ou lesão, sobrevindo a incapacidade do segurado, o mesmo terá direito ao benefício.

3.5. Duração e fixação de prazo do benefício

O legislador no art. 60, §§ 11º e 12º, da Lei n. 8.213/1991, estabelece como condição, que sempre que possível, no ato da concessão ou de reativação de auxílio-doença, sendo esse judicial ou administrativo, a fixação de prazo estimado para a duração do benefício. Não sendo fixado prazo, o benefício cessará após cento e vinte dias, contado da data de concessão ou de reativação do benefício, salvo quando ocorrer o pedido de prorrogação pelo segurado junto ao INSS.

Conforme art. 3º, inciso VI, da Resolução do Conselho Federal de Medicina — CFM n. 1.658/2002, o médico assistente, ou seja, o médico especialista, pode indicar no atestado médico a quantidade de dias estimados para o tratamento e recuperação do paciente, a fim de complementar e auxiliar no parecer do médico perito do INSS, porém cabe ao médico perito a decisão, senão vejamos:

Art. 3º Na elaboração do atestado médico, o médico assistente observará os seguintes procedimentos:

Parágrafo único. Quando o atestado for solicitado pelo paciente ou seu representante legal para fins de perícia médica deverá observar:

[...]

VI – o provável tempo de repouso estimado necessário para a sua recuperação, que complementará o parecer fundamentado do médico perito, a quem cabe legalmente a decisão do benefício previdenciário, tais como: aposentadoria, invalidez definitiva, readaptação.

Fica a cargo do INSS o estabelecimento da duração do benefício, mediante avaliação médica pericial, devendo o médico perito da previdência, fixar o prazo que entender suficiente para a recuperação da capacidade laborativa do segurado.

3.6. Espécies do benefício de auxílio-doença

Para ter direito ao benefício de auxílio-doença, como visto, é indiferente se a causa da incapacidade seja por motivo de doença ou acidente, embora muito importante estabelecê-la, pois possuem exigências diferentes quanto a sua concessão. Assim no âmbito previdenciário, há duas espécies desse benefício, a previdenciária ou comum (espécie B31) e a acidentária (espécie B91).

O auxílio-doença previdenciário ou comum é um benefício devido a todos os segurados inscritos no Regime Geral da Previdência Social, que depois de cumprida a carência estabelecida por lei, chamada de "período de graça", ficar incapacitado temporariamente para o seu trabalho ou sua atividade habitual por mais de 15 (quinze) dias consecutivos, ou intercalados dentro do prazo de 60 (sessenta) dias, por motivo de doença ou acidente, enquanto permanecer nessa condição. Nessa espécie de benefício, há exceção da necessidade do cumprimento do período de graça, quando a doença que incapacite o segurado for grave, contagiosa ou incurável.

Já o auxílio-doença acidentário, difere da espécie comum, apenas nos seguintes aspectos: devido apenas para incapacidades decorrentes de acidente do trabalho ou do trajeto, aquele ocorrido no caminho da residência para o trabalho e vice-versa, ou ainda, por doença ocupacional relacionada com o trabalho. Nesses casos, há isenção de carência, ou seja, o segurado não necessita cumprir o "período de graça" para ter direito ao benefício.

Nesse sentido, o § 2º da Lei n. 8.213/1991 prevê a concessão do auxílio-doença, independentemente de carência, aos segurados obrigatório e facultativo, quando sofrerem acidente de qualquer natureza.

Também há estabilidade de emprego por 12 (doze) meses para o segurado, que após receber benefício previdenciário acidentário, retorne ao trabalho, com inicio da estabilidade a partir do seu retorno.

Já em conformidade com o art. 118 da Lei n. 8.213/1991, o segurado que sofreu acidente do trabalho tem garantido, pelo prazo de doze meses, a manutenção de seu contrato de trabalho na empresa, após a cessação do auxílio-doença acidentário, independente de percepção de auxílio-acidente. Desse modo, o legislador foi taxativo, como condição, a necessidade do recebimento do benefício previdenciário.

Segundo Castro e Lazzari (2014, p. 767):

> Atualmente, não há diferenciação de tratamento legal entre o auxílio-doença previdenciário (espécie B 31) e o auxílio-doença acidentário (B 91), exceto quanto: (a) aos segurados abrangidos; (b) à carência, que no auxílio-doença acidentário é sempre incabível, em razão de sua causa (acidente de trabalho ou doença ocupacional), enquanto há previsão de prazo carencial no auxílio-doença previdenciário (doze contribuições mensais), salvo em caso de acidentes de qualquer outra natureza, doenças graves, contagiosas ou incuráveis previstas como situações em que a carência é incabível; e (c) aos efeitos trabalhistas decorrentes, já que apenas o auxílio-doença acidentário acarreta ao empregado a garantia de emprego prevista no art. 118 da Lei n. 8.213/1991 (doze meses após a cessação

desse benefício, independentemente de percepção de auxílio-acidente) e a manutenção da obrigatoriedade do recolhimento do Fundo de Garantia por Tempo de Serviço (FGTS) durante o período de afastamento.

Sobre as espécies do auxílio-doença, Fabio Zambitte Ibrahim (2014, p. 658) refere que "importante lembrar que o auxílio-doença pode ser de dois tipos o comum ou acidentário. Este último é o derivado de acidentes do trabalho (incluindo doenças do trabalho ou profissionais)".

O segurado, logo após receber o benefício de auxílio-doença na espécie acidentária, em seu retorno ao trabalho/atividade laboral, goza de estabilidade provisória por 12 (doze) meses, conforme garantia legal.

3.7. Requerimento

O requerimento do auxílio-doença pode ser realizado pelo próprio segurado diretamente nas agências do INSS ou facultativamente pela empresa ao tomar conhecimento do afastamento superior a quinze dias, encaminhando o segurado empregado à perícia médica da Previdência Social. Quando o requerimento for realizado pela própria empresa, essa terá acesso às decisões administrativas relativas ao benefício.

Cabe a Previdência Social processar de ofício o benefício de auxílio-doença, mesmo que não requerido pelo segurado, quando tiver ciência da sua incapacidade, conforme disposto nos arts. 76 e 76-A do Decreto n. 3.048/1999:

> Art. 76. A previdência social deve processar de ofício o benefício, quando tiver ciência da incapacidade do segurado sem que este tenha requerido auxílio-doença.
>
> Art. 76-A. É facultado à empresa protocolar requerimento de auxílio-doença ou documento dele originário de seu empregado ou de contribuinte individual a ela vinculado ou a seu serviço, na forma estabelecida pelo INSS.
>
> Parágrafo único. A empresa que adotar o procedimento previsto no *caput* terá acesso às decisões administrativas a ele relativas.

Nesse sentido, Hugo Goes (2016, p. 275) em sua obra *Manual de Direito Previdenciário*, ensina:

> Em regra, o auxílio-doença é requerido pelo próprio segurado. Todavia, é facultado à empresa protocolar requerimento de auxílio-doença ou documento dele originário de seu empregado ou de contribuinte individual a ela vinculado ou a seu serviço, na forma estabelecida pelo INSS (RPS, art. 76-A). A empresa que adotar esse procedimento terá acesso as decisões administrativas a ele relativa (RPS, art. 76-A, parágrafo único).

A respeito da concessão do benefício de ofício, Coelho, Assad e Coelho, em sua obra *Direito previdenciário: benefícios* (2016, p. 232) ressaltam:

> A previdência social deverá agir independentemente de provocação (de ofício) quando tiver ciência de que o segurado está incapacitado para o seu trabalho ou atividade habitual e não requereu o auxílio-doença.

A concessão do auxílio-doença de ofício representa situação excepcional. Como regra, a previdência social somente concede benefícios se houver a iniciativa do suposto beneficiário, instruída com os documentos pertinentes.

Indiretamente, os meios mais comuns de ciência do INSS sobre a incapacidade do segurado são através das informações enviadas mensalmente pelas empresas para a Previdência Social via SEFIP — Sistema Empresa de Recolhimento do FGTS e Informações à Previdência Social, bem como, com a abertura da Comunicação de Acidente de Trabalho — CAT.

Embora nesses casos, o INSS tenha o conhecimento da incapacidade do segurado, dificilmente processa e concede de ofício o benefício de auxílio-doença, assim na maioria dos casos, cabe ao segurado ou à empresa o seu requerimento.

3.8. Segurado que exerce mais de uma atividade

Conforme previsto no art. 73 do Decreto n. 3.048/1999, nos casos de segurado que exerça mais de uma atividade abrangida pela Previdência Social, o auxílio-doença será devido apenas para aquela que torne incapaz o seu exercício, consignando ainda, que a perícia médica deverá ser conhecedora de todas as atividades que o segurado estiver exercendo. Nessa hipótese, o benefício será concedido apenas para atividade que o segurado estiver incapacitado, o efeito da carência será apenas para as contribuições relativas a essa atividade e o valor do benefício poderá ser inferior ao salário mínimo. Se idênticas as profissões, o afastamento ocorrerá para todas elas.

Caso a constatação de incapacidade para qualquer uma delas ocorra durante o recebimento do auxílio-doença, o valor do benefício será revisto em conformidade com os salários de contribuição das atividades para as quais se incapacitou.

Nesse sentido Fabio Zambitte Ibrahim (2014, p. 655-656):

> O auxílio-doença do segurado que exercer mais de uma atividade abrangida pela previdência social será devido, mesmo no caso de incapacidade apenas para o exercício de uma dela, devendo a perícia médica ser conhecedora de todas as atividades que o próprio estiver exercendo.
>
> Nessa situação, o benefício será calculo, levando-se em consideração somente os salários de contribuição da atividade na qual o segurado se encontre incapacitado, sendo este recalculado, caso a impossibilidade de trabalho estende-se para as demais atividades por ele desenvolvidas.

Castro e Lazzari (2014, p. 769) ressaltam:

> O auxílio-doença do segurado que exercer mais de uma atividade abrangida pela Previdência Social será devido, mesmo no caso de incapacidade apenas para o exercício de uma delas, devendo a perícia médica ser conhecedora de toas as atividade que o mesmo estiver exercendo. Nesse caso, o benefício será concedido em relação à atividade (ou atividades, caso exerça mais de uma, concomitantemente) para a qual o segurado estiver incapacitado, considerando-se para efeitos e a carência somente as contribuições relativas a essa atividade. Se nas várias atividades

o segurado exercer a mesma profissão, será exigido de imediato o afastamento de todas (art. 73 do Decreto n. 3.048/99).

Já nos casos do segurado que exercer mais de uma atividade, e ficar definitivamente incapacitado para uma dela, nessa hipótese não cabe a transformação em aposentadoria por invalidez, mantendo o auxílio-doença indefinitivamente, enquanto essa incapacidade não se estender às demais atividades (art. 74 do Decreto n. 3.048/99).

Sobre o tema Fabio Zambitte Ibrahim (2014, p. 656) esclarece:

> Quando o segurado que exercer mais de uma atividade incapacitar-se definitivamente para uma delas, deverá o auxílio-doença ser mantido indefinidamente, não cabendo sua transformação em aposentadoria por invalidez, enquanto essa incapacidade não se estender as demais atividades. Esse caso é exceção, pois o segurado não poderá ser aposentado por invalidez se ainda tem condições de exercer parte de suas atividades habituais.

Desse modo, a lei é clara ao definir que o segurado terá direito ao benefício, apenas para a atividade que o torne incapaz para o trabalho, ou seja, quando ocorrer do segurado exercer mais de uma atividade, estando esse incapacitado para apenas uma delas, terá direito ao benefício proporcional, bem como a carência com base na contribuição dessa atividade. Sendo a mesma profissão desempenhada pelo segurado em todas as atividades, o afastamento e benefício se estenderão para todas.

Sendo a incapacidade definitiva, para apenas uma atividade, não se estendendo as demais, o benefício não será transformado em aposentadoria por invalidez, sendo mantido o auxílio-doença indeterminadamente.

3.9. Início do benefício

A Data do Início do Benefício – DIB diverge conforme as modalidades dos segurados.

Consoante previsto na legislação é de responsabilidade da empresa o pagamento do salário integral dos 15 (quinze) primeiros dias consecutivos de afastamento, ao segurado empregado, cabendo ainda à empresa que dispuser de serviço médico próprio ou de convênio, a realização de exame médico e abono das faltas dos 15 (quinze) primeiros dias, encaminhando o segurado a perícia médica da Previdência Social, apenas quando a incapacidade ultrapassar esse período (§§ 3º e 4º do art. 60 da Lei. 8.213/1991).

O art. 60 da Lei n. 8.213/1991 e seu § 1º, esclarece sobre o benefício requerido após o trigésimo dia de afastamento, e traz a seguinte redação:

> Art. 60. O auxílio-doença será devido ao segurado empregado a contar do décimo sexto dia do afastamento da atividade, e, no caso dos demais segurados, a contar da data do início da incapacidade e enquanto ele permanecer incapaz.
>
> § 1º Quando requerido por segurado afastado da atividade por mais de 30 (trinta) dias, o auxílio--doença será devido a contar da data da entrada do requerimento.

Analisando o art. 60 da Lei n. 8.213/1991, é possível concluir, uma vez que os 15 (quinze) primeiros dias de afastamento do segurado empregado são de responsabilidade da empresa e que o auxílio-doença começa a contar a partir do 16º (décimo sexto) dia de afastamento do trabalho por motivo da doença incapacitante. Sendo requerido o benefício até o trigésimo do fato, a Data do Início do Benefício — DIB será o 16º (décimo sexto) dia de afastamento. Se requerido após trigésimo dia, o benefício iniciará a partir da data da entrada do requerimento administrativo, nesse caso, a data do requerimento será considerada a Data do Início do Benefício — DIB.

Nas demais modalidades de segurados, a DIB será a data do início da incapacidade se requerido o benefício até o trigésimo dia do fato. E como ocorre com o segurado empregado, se requerido após o trigésimo dia do fato, o benefício iniciará a partir da data da entrada do requerimento administrativo, assim essa será considerada a DIB.

Nesse sentido, foi editada a Instrução Normativa INSS/PRES n. 45/10, onde referida norma, em seu art. 276, esclarece que a Data do Início do Benefício — DIB será fixada no 16º (décimo sexto) dia do afastamento da atividade para o segurado empregado, exceto o doméstico; na Data do Início da Incapacidade — DII, para os demais segurados, quando requerido até o 30º (trigésimos) dia do afastamento da atividade ou da cessação das contribuições; ou na Data de Entrada do Requerimento — DER, quando requerido após o 30º (trigésimo) dia do afastamento da atividade ou da cessação das contribuições para todos os segurados.

Sobre o tema Hugo Goes (2016, p. 279) esclarece que:

> Tratando-se de segurado empregado, se requerido até o 30º dia do afastamento, o auxílio-doença será devido a contar do 16º dia do afastamento da atividade. É assim porque durante os primeiros 15 dias consecutivos de afastamento da atividade por motivo de doença ou de acidente de trabalho ou de qualquer natureza, caberá a empresa pagar ao segurado empregado o seu salário integral (Lei n. 8.213/91 art. 60, 3º). Quando o auxílio-doença for requerido pelo empregado após o 30º dia do afastamento, o benefício será devido a contar da data do requerimento.

> Para os demais segurados, se requerido até o 30º dia do afastamento, o auxílio-doença será devido a partir da data do início da incapacidade. Quando requerido após o 30º dia do afastamento, o benefício será devido a contar da data do requerimento.

Miguel Horvath Junior (2014 p. 358) ao tratar sobre a data do inicio de benefício, ressalta que:

> Temos dois marcos iniciais deste benefício que variarão de acordo com o perfil do segurado. Para o segurado empregado, o benefício é devido a partir do 16º dia do afastamento da atividade. Para os demais segurado, a contar da data do início da incapacidade (DII) e enquanto ele permanecer incapacitado.

> Para os benefícios requeridos após trinta dias do afastamento da atividade, será considerada como data do início do pagamento a data de entrada do requerimento (DER) para todos os segurados.

A respeito do requerimento após o trigésimo dia de afastamento, Castro e Lazzari (2014, p. 780) esclarece:

> Quando o requerimento do segurado afastado da atividade (inclusive o empregado) for protocolado depois de mais de trinta dias do afastamento, o benefício será

devido apenas a contar da data da entrada do requerimento, não retroagindo ao décimo sexto dia, no caso de segurado empregado, nem ao primeiro dia de afastamento, para os demais segurados. Penaliza-se, desta forma, a inércia do segurado em buscar o benefício.

Como visto, a Data do Início do Benefício — DIB diverge conforme as modalidades dos segurados e a época do seu requerimento.

3.10. Cessação do benefício

Conforme previsto na legislação é devido o auxílio-doença, temporariamente, enquanto o segurado por motivo de doença ou lesão, permanecer incapacitado para o trabalho ou atividade habitual. Assim, o benefício cessará ocorrendo a recuperação da capacidade laborativa do segurado, com a reabilitação profissional em nova função, compatível com as limitações do segurado, com a transformação do benefício de auxílio-doença em aposentadoria por invalidez, ou com a morte do segurado.

Dessa forma, segundo Hugo Goes (2016, p. 279) o auxílio-doença cessa:

a) pela recuperação da capacidade para o trabalho;

b) pela transformação em aposentadoria por invalidez;

c) pela transformação em auxílio-acidente de qualquer natureza, neste caso se, após a consolidação decorrente de acidente de qualquer natureza, resultar sequela que implique redução da capacidade para o trabalho que habitualmente exerce; ou

d) com a morte do segurado.

Neste mesmo sentido Castro e Lazzari (2014, p. 793) esclarecem por quais motivos ocorre a cessação do benefício do auxílio-doença:

> O auxílio-doença cessa pela recuperação da capacidade para o trabalho, pela transformação em aposentadoria por invalidez ou auxílio-acidente de qualquer natureza, neste caso se resultar sequela que implique redução da capacidade para o trabalho que habitualmente exerce.

Assim, é possível concluir, que uma vez recuperada a capacidade laborativa do segurado para o trabalho ou atividade habitual, cessará o direito ao recebimento do auxílio-doença, pois o auxílio-doença é um benefício de caráter temporário, devido apenas enquanto durar a incapacidade laboral do segurado.

Novamente importante registrar, que a recuperação da capacidade laborativa a ser avaliada, é sobre a "ocupação", atividade habitual ou trabalho que o segurado desempenhava na ocasião do seu afastamento.

Também cessará o direito ao recebimento do auxílio-doença, quando o segurado após processo de reabilitação profissional, retornar a desenvolver atividade que garanta a sua subsistência, bem como, quando considerado incapaz de desenvolver qualquer tipo de atividade, ter seu benefício transformado em aposentadoria por invalidez.

Cessará ainda o benefício, quando após consolidações das lesões decorrentes de acidente de trabalho, o benefício for transformado em auxílio-acidente.

3.11. Novo benefício em 60 dias

A legislação previdenciária, ainda prevê a hipótese do segurado empregado, por motivo de doença ou acidente, afastar-se do trabalho durante 15 (quinze dias), retornando à atividade no décimo 16º (sexto dia), e se dela voltar a se afastar dentro de 60 (sessenta) dias do retorno, sendo a mesma doença que originou o afastamento do segurado, fará jus ao auxílio-doença a partir da data do novo afastamento.

Nessa situação, se o retorno à atividade tiver ocorrido antes de 15 (quinze) dias do afastamento, fará jus ao auxílio-doença a partir do dia seguinte ao que completar os 15 (quinze) dias de afastamento, somados os períodos de afastamento intercalados dentro dos 60 (sessenta) dias.

Sobre essa a possibilidade, os §§ 4º e 5º do art. 75 do Decreto n. 3.048/1999 assim dispõem:

> Art. 75. Durante os primeiros quinze dias consecutivos de afastamento da atividade por motivo de doença, incumbe à empresa pagar ao segurado empregado o seu salário.
>
> [...]
>
> § 4º Se o segurado empregado, por motivo de doença, afastar-se do trabalho durante quinze dias, retornando à atividade no décimo sexto dia, e se dela voltar a se afastar dentro de sessenta dias desse retorno, em decorrência da mesma doença, fará jus ao auxílio-doença a partir da data do novo afastamento.
>
> § 5º Na hipótese do § 4º, se o retorno à atividade tiver ocorrido antes de quinze dias do afastamento, o segurado fará jus ao auxílio-doença a partir do dia seguinte ao que completar aquele período.
>
> [...]

Nesse sentido o art. 276 da Instrução Normativa INSS/PRES n. 45/10, determina:

> Art. 276. A DIB será fixada:
>
> [...]
>
> § 3º Se o segurado empregado, por motivo de doença, afastar-se do trabalho durante quinze dias, retornando à atividade no décimo sexto dia, e se dela voltar a se afastar dentro de sessenta dias desse retorno, em decorrência da mesma doença, fará jus ao auxílio-doença a partir da data do novo afastamento.
>
> § 4º Na hipótese do § 3º deste artigo, se o retorno à atividade tiver ocorrido antes de quinze dias do afastamento, o segurado fará jus ao auxílio-doença a partir do dia seguinte ao que completar os quinze dias de afastamento, somados os períodos de afastamento intercalados.

Fabio Zambitte Ibrahim (2014, p. 656-657), nesse mesmo contexto ensina:

> Se o segurado empregado, por motivo de doença, afastar-se do trabalho durante 15 (quinze) dias, retornando à atividade no 16º dia, e se dela voltar a se afastar dentro de 60 (sessenta) dias desse retorno, fará jus ao auxílio-doença a partida da data do novo afastamento.
>
> Neste caso, o segurado empregado não chegou a receber auxílio-doença, já que retornou à atividade no 16º dia. Entretanto, caso afasta-se, também pela mesma doença, em 60 (sessenta) dias, será diretamente encaminhado ao INSS, sendo

empresa dispensada do pagamento dos 15 (quinze) primeiros dias, Ainda na mesma hipótese, se o retorno à atividade tiver ocorrido antes de 15 (quinze) dias de afastamento, o segurado fará jus ao auxílio-doença, a partir do dia seguinte ao que completar aquele período de 15 (quinze) dias, a partir do início. Todavia, ressalte-se, deve o novo afastamento ser de 60 (sessenta) dias.

Ainda, Fabio Zambitte Ibrahim (2014, p. 656), explica a possibilidade dessa situação:

> Se concedido novo benefício decorrente da mesma doença, dentro de 60 (sessenta) dias, contados da cessão do benefício anterior, a empresa fica desobrigada do pagamento relativo aos 15 (quinze) primeiros dias de afastamento, prorrogando o benefício.

> Por exemplo: segurado empregado afasta-se por seis meses, recebendo os 15 (quinze) primeiros dias pela empresa e o restante pelo INSS. Após este período a perícia médica libera-o para retornar ao trabalho. Todavia, na semana seguinte o segurado é obrigado a afastar-se pelo mesmo motivo anterior — a empresa não tem qualquer obrigação referente ao pagamento, já que o INSS prorrogara o benefício anteriormente concedido.

Nesses casos, a empresa fica desobrigada do pagamento dos 15 (quinze) primeiros dias de afastamento, por já tê-lo realizado anteriormente, nos termos do § 3º do art. 75 do Decreto n. 3.048/1999:

> [...]
> § 3º Se concedido novo benefício decorrente da mesma doença dentro de sessenta dias contados da cessação do benefício anterior, a empresa fica desobrigada do pagamento relativo aos quinze primeiros dias de afastamento, prorrogando-se o benefício anterior e descontando-se os dias trabalhados, se for o caso.
> [...]

Como visto, conforme previsto na legislação, havendo novo pedido de auxílio-doença, se for concluído pela perícia médica a concessão de novo benefício, com a mesma espécie do anterior e decorrente da mesma doença, ocorrendo à fixação da data do início do benefício até 60 (sessenta) dias contados da data da cessação do benefício anterior, ao invés da concessão de um novo benefício, esse deverá ser prorrogado, mantendo o benefício anterior. Havendo dias trabalhados no período, serão esses descontados.

3.12. Alta programada

Como previsto na legislação, a cessação do benefício de auxílio-doença ocorre com a recuperação da capacidade para o trabalho, pela transformação em aposentadoria por invalidez ou auxílio-acidente de qualquer natureza, neste caso se resultar sequela que implique redução da capacidade para o trabalho que habitualmente exerça.

Conforme § 1º do art. 78 do Decreto n. 3.048/1999, com redação dada pelo Decreto n. 8.691/2016, "o INSS poderá estabelecer, mediante avaliação pericial ou com base na documentação médica do segurado, nos termos do art. 75-A, o prazo que entender suficiente para a recuperação da capacidade para o trabalho do segurado", ou seja, a estipulação do período determinado para recuperação e a data certa para cessação do benefício de auxílio--doença. Tal possibilidade recebe o nome de alta programada.

Nos mesmos termos o *caput* do art. 277 da Instrução Normativa INSS/PRES n. 45/10, determina que mediante avaliação médico-pericial, o INSS poderá estabelecer o prazo que entender suficiente para a recuperação da capacidade para o trabalho do segurado.

A alta programada é a previsão referente ao período necessário para recuperação da capacidade para o trabalho, ou seja, a "cura" do segurado, por meio da avaliação médico pericial do INSS, estabelecendo uma data fim ao benefício, sem a necessidade da realização de qualquer perícia.

O único e exclusivo objetivo do INSS, com o instituto da alta programada, o qual fixa a data da cessação do benefício automaticamente com base no diagnóstico do paciente, é a redução do número de perícias médicas realizadas pela previdência.

Fabio Zambitte Ibrahim (2014, p. 657), assim ensina sobre o instituto da Alta Programada:

> Inovação questionável, com relação à alta do segurado, veio com o Decreto n. 5.844 de 13 de julho de 2006, o qual insere no Regulamento da Previdência Social o procedimento da alta programada, que já era adotado administrativamente. A intenção da Previdência Social é reduzir o número de perícias médicas, já estabelecendo o perito, por ocasião da avaliação médico-pericial inicial, o tempo necessário de recuperação, aferível com base na expertise do profissional.

Assim, cabe o médico perito do INSS, conceder o prazo que entender suficiente para a recuperação da capacidade para o trabalho do segurado, partindo do principio, que é possível prever a data da possível recuperação para o trabalho, evitando assim, o agendamento de sucessivas perícias a fim de se verificar a recuperação.

O instituto da alta programada é criticado por grande parte da doutrina previdenciária, devido a ocorrer com frequência, do segurado ainda se encontrar incapacitado para realizar o seu trabalho e/ou atividade habitual, mas lhe é concedida a alta previdenciária, cessando o seu benefício de auxílio-doença.

Com a cessação indevida, ou seja, precoce, pois ainda há incapacidade para o trabalho ou atividade habitual, o segurado tenta o retorno ao trabalho, pois precisa de recursos financeiros para poder prover a sua subsistência, trabalhando na maioria das vezes, sem condições, o que pode agravar a sua situação patológica atual. Ocorre ainda, do segurado ao realizar o exame médico de retorno ao trabalho, ser considerado Inapto pelo médico da empresa. Nessa ocasião, sendo negado o seu retorno, ficará no "limbo previdenciário trabalhista", pois não recebe o benefício do INSS, nem o salário por parte do empregador.

3.13. Pedido de Prorrogação — PP

Situação comum enfrentada pelos segurados da Previdência Social, ocorre quando o prazo fixado pelo perito médico previdenciário para recuperação da capacidade laborativa não é suficiente.

Assim, nos casos em que após a última Avaliação Médica realizada pelo INSS tiver sido favorável, mantendo o segurado afastado por período determinado (previsão de data do fim do benefício), ao final do período estabelecido pela perícia, caso o segurado não se sinta em condições de retornar ao trabalho, poderá solicitar junto ao INSS o Pedido de Prorrogação — PP de seu benefício, conforme previsto na legislação previdenciária.

O Pedido de Prorrogação – PP pode ser requerido quantas vezes forem necessárias, desde que o segurado se encontre incapacitado para voltar o trabalho, sendo que o requerimento deve ocorrer no prazo de 15 (quinze) dias antes do término do benefício.

Nesse caso, o segurado deverá passar por nova perícia médica previdenciária, a fim de provar que ainda não tem condições de retornar ao trabalho ou atividade habitual, pois ainda está incapacitado para o exercício laboral.

O art. 78 § 2º do Decreto n. 3.048/1999 estabelece que nos casos em que o prazo de afastamento concedido para a recuperação não for suficiente, o segurado poderá solicitar a sua prorrogação, na forma estabelecida pelo INSS.

Neste mesmo sentido, o § 2º do art. 277 da Instrução Normativa INSS/PRES n. 45/10, determina que, se o prazo fixado para a recuperação da capacidade para o trabalho for insuficiente, o segurado poderá solicitar a realização de nova perícia médica por meio do Pedido de Prorrogação — PP nos 15 (quinze) dias que anteceder a cessação do benefício, cuja perícia poderá ser realizada pelo mesmo profissional responsável pela avaliação anterior.

Castro e Lazzari (2014, p. 795) esclarecem:

> Para os casos em que o prazo fixado não for suficiente para a recuperação da capacidade de trabalho, a Previdência instituiu o Pedido de Prorrogação. O objetivo é evitar o fim do auxílio-doença antes da recuperação efetiva do segurado, submetendo-o a nova avaliação para analisar se é necessária a continuidade da licença. O pedido de prorrogação poderá ser protocolado até 15 dias antes da data do término do benefício. A solicitação pode ser repetida, desde que o segurado, ao fim do novo prazo de licença, ainda se considere incapaz para voltar ao trabalho.

Concluindo, os principais requisitos para a concessão do auxílio-doença são: Possuir a carência de 12 contribuições, que é isenta em caso de acidente de trabalho, doença ocupacional ou doenças de qualquer natureza previstas em lei; Possuir a qualidade de segurado; Comprovar que a doença torne o segurado temporariamente incapaz de trabalhar; Para o empregado em empresa: estar afastado do trabalho há pelo menos 15 dias (corridos ou intercalados dentro do prazo de 60 dias).

Assim, o benefício de auxílio-doença assegura a proteção do segurado, durante o período que permanecer incapacitado para o trabalho ou atividade habitual, permitindo a sua subsistência, enquanto dele necessitar, uma vez que não se leva em conta apenas a incapacidade do segurado, mas o contexto social, econômico e cultural, verificando-se a real capacidade de recuperação e reinserção do segurado no mercado de trabalho.

3.14. Perito médico do INSS

Como visto, para concessão de benefícios por incapacidade é necessária a constatação da incapacidade laborativa do segurado, através de perícia médica administrativa previdenciária realizada por médico perito do INSS.

Diferente da familiaridade que ocorre entre médico e paciente, na avaliação médico-pericial, a relação entre o médico e o segurado, ocorre sem o tratamento de qualquer doença e objetiva em diagnosticar e comprovar os sinais e sintomas apresentados, bem como emitir parecer acerca de sua capacidade de trabalho, considerando o trabalho e a atividade habitual desenvolvida pelo segurado.

A finalidade da avaliação da capacidade laborativa do examinado, tem o objetivo de enquadrar na situação legal pertinente, ou seja, de acordo com o benefício pretendido pelo segurado. O exame médico pericial deverá ser o mais detalhado possível levando-se em observação as alegações e comprovações do segurado, pois assim poderemos avaliar a incapacidade que possa existir no exame psicofísico.

Rene Mendes (2013, p. 253) ensina:

> A perícia médica previdenciária do INSS constitui uma atividade médica administrativa a cargo do profissional pertencente ao quadro de pessoal do INSS, para avaliar, principalmente, os segurados do RGPS para fins de concessão de benefícios por incapacidade laborativa.
>
> A carreira de Perícia Médica da Previdência Social foi criada, após grande mobilização da Associação Nacional de Médicos Peritos, pela Lei n. 10.876, de 2 de junho de 2004, lei esta que definiu as funções privativas dos médicos do quadro de peritos do INSS.

Conforme Lei n. 10.876/2004 compete ao perito médico da Previdência Social, entre outras atribuições, a avaliação da capacidade laboral no segurado junto à Previdência Social, bem como a inspeção de ambientes de trabalho para fins previdenciários e caracterização de invalidez para benefícios previdenciários e assistenciais.

O *Manual de Perícia Médica da Previdência Social* (2002 – p. 12) define o perito médico previdenciário como:

> O servidor da área médico-pericial do quadro permanente do INSS é o profissional com a atribuição de se pronunciar conclusivamente sobre condições de saúde e capacidade laborativa do examinado, para fins de enquadramento em situação legal pertinente. Deve ter sólida formação clínica, amplo domínio da legislação de previdência social, conhecimento de profissiografia, disciplina técnica e administrativa e alguns atributos de personalidade e caráter destacando-se a integridade e independência de atitudes, além da facilidade de comunicação e de relacionamento.

Já conforme parecer emitido pela Associação Paulista de Medicina do Trabalho (APMT, 2012), entende-se por perito médico do INSS:

> O profissional médico do órgão segurador (Previdência Social), obediente aos regramentos do órgão estatal, que avalia, dentre outras coisas, questões referentes à capacidade laborativa do trabalhador e relação causa-efeito entre doença e labor com critérios próprios do órgão segurador (NTEP, por exemplo) e para fins previdenciários, não sendo praxe da perícia do INSS a realização de vistoria em ambiente de trabalho tanto para avaliação de capacidade laborativa quanto para estabelecimento de nexo causal entre doença e labor.

Novamente, importante destacar que na ocasião da avaliação da capacidade laboral, o Perito Médico Previdenciário, além do conhecimento da epidemiologia, legislação, tenha conhecimento do trabalho ou atividade desenvolvida pelo segurado, bem como as condições em que são desempenhadas, ou seja, a profissiografia, pois apenas a doença/lesão, sem qualquer repercussão na atividade laboral, não gera incapacidade.

Por outro lado, não é o que ocorre no dia a dia, pois os peritos médicos do INSS não vivenciam e conhecem efetivamente o ambiente de trabalho do trabalhador e a forma como este trabalhador desempenha suas atividades laborativas, ou seja, a profissiografia, o que faz, como faz, quando faz, onde faz — ambiente laboral, com que frequência, intensidade e velocidade faz.

Desse modo, essa falta de informação ou conhecimento do médico perito do INSS acaba prejudicando o segurado ao deixar de estabelecer criteriosamente com valor técnico--científico a capacidade laborativa do trabalhador para o labor específico, bem como nexo de causalidade entre determinada doença e o labor estudado.

Corrobora com esse raciocínio, o parecer emitido pela Associação Paulista de Medicina do Trabalho (APMT, 2012), que relata a situação da não vistoria em ambiente de trabalho por parte do perito médico do INSS, senão vejamos:

> O Perito Médico do INSS não realiza habitualmente vistoria em ambiente de trabalho quando da realização de perícia médica para apurar a capacidade laborativa e nexo causa efeito entre doença e labor. Para avaliar a capacidade laborativa, pode apenas inferir o que faz o trabalhador em seu dia a dia, alicerçando sua decisão em bases pouco sólidas quando da ausência de vistoria em ambiente de trabalho. Para estabelecer relação causa-efeito entre doença e labor, também utiliza critérios matemáticos de bases epidemiológicas amplamente discutíveis por serem sabidamente passíveis de falhas e por não avaliarem o caso em sua especificidade e com suas peculiaridades.

Rene Mendes (2013, p. 253), ao tratar do que se espera do médico perito do INSS, esclarece que o médico perito deve manter-se isento e não se influenciar pela posição social ou funcional do examinado (periciando), assim não tentar resolver problemas que são puramente funcionais, administrativos ou sociais. Deve avaliar diferenciando a doença e incapacidade, procurando avaliar antecedentes médicos-periciais do segurando (histórico laboral pregresso), considerando seu passado laborativo, além de ouvir com extrema atenção as queixas do segurado e de examiná-lo.

Após a realização do exame médico pericial, o médico-perito preenche o laudo de perícia médica de forma informatizada, em Sistema de Avaliação de Benefícios por Incapacidade.

Capítulo 4

Suspensão do Contrato de Trabalho Durante Afastamento por Auxílio-Doença

*P**rima facie,* toda vez que uma pessoa física se obriga pessoalmente a prestar serviços não eventuais a outrem, pessoa jurídica e/ou física, na condição de empregado, mediante a subordinação hierárquica, pagamento de contraprestação (salário), temos a existência de relação de emprego e um contrato de trabalho.

A respeito, o art. 3º da CLT dispõe "considera-se empregado toda pessoa física que prestar serviços de natureza não eventual a empregador, sob a dependência deste e mediante salário".

O *caput* do art. 442 da CLT determina que o contrato individual de trabalho é o acordo tácito ou expresso, correspondente à relação de emprego.

O contrato de trabalho deve ocorrer de forma contínua, onde o empregado realize suas atividades (prestação de serviço) e o empregador efetue o pagamento do salário.

Embora com o pressuposto de continuidade, durante a vigência do contrato de trabalho, existem situações previsíveis que implicam na paralisação total ou parcial do contrato, ou seja, embora o contrato continue a existir, algumas ou todas as cláusulas deixam de surtir efeito temporariamente.

Alice Monteiro de Barros (2009, p. 877) ao se referir ao princípio da continuidade, de que decorre o trato sucessivo do contrato de trabalho, esclarece que:

> Vê-se, portanto, que um dos principais objetivos colimados pelo Direito do Trabalho é a continuidade do emprego, o que se reflete, aliás, no texto legal brasileiro, quando termina a manutenção das relações jurídico-laborais, mesmo que, em virtude de certo acontecimento, ocorra a inexecução provisória da prestação de serviço.

Essa inexecução provisória da prestação de serviços produz efeitos no contrato, como se infere das normas imperativas consubstanciadas nos art. 471 a 476 da CLT, que traduzem a suspensão e a interrupção da prestação de serviços, objeto desse estudo.

Se a empresa poderá funcionar em caráter contínuo, o mesmo não ocorre com o empregado, cujo contrato está sujeito a vários acontecimentos, até certo ponto previsíveis, gerando a necessidade de interrompê-lo ou suspendê-lo em determinadas situações. Daí se infere que o tempo das partes nesse contrato nem sempre é idêntico.

Assim, observa-se que durante a paralisação total ou parcial do contrato, esse não deixa de existir, ocorrendo apenas uma pausa justificada na prestação de serviço, em razão da suspensão ou interrupção do contrato de trabalho.

Corroborando desse entendimento, Sergio Pinto Martins (2012, p. 348) reforça que embora nossa lei faça distinção entre a suspensão e interrupção do contrato de trabalho, não há "suspensão" do contrato, mas sim, do trabalho, da execução do pacto ou de seus efeitos.

Do mesmo modo, Alice Monteiro de Barros (2009, p. 867) afirma que "tanto na interrupção quanto na suspensão do contrato há uma paralisação transitória de prestação de serviço e não a cessação contratual".

Mauricio Godinho Delgado (2016, p. 1176) por sua vez, dispõe que "interrupção e suspensão contratuais são figuras justrabalhistas que sustam de modo restrito ou amplo, mas provisoriamente, os efeitos das cláusulas componentes do respectivo contrato".

Com a interrupção ou suspensão do contrato de trabalho, ocorre a paralisação da prestação de serviço, e não o término da relação de emprego. Aliás, o empregado afastado do emprego tem garantido no seu retorno, todas as vantagens atribuídas a sua categoria, durante o período de sua ausência, seja ela pela suspensão ou interrupção do contrato de trabalho.

Desse modo, o art. 471 da CLT assim dispõe "ao empregado afastado do emprego, são asseguradas, por ocasião de sua volta, todas as vantagens que, em sua ausência, tenham sido atribuídas à categoria a que pertencia na empresa".

4.1. Distinção entre os institutos da interrupção e suspensão do contrato de trabalho

Inicialmente, importante fazer uma breve distinção entre os institutos da interrupção e suspensão do contrato de trabalho.

A interrupção do contrato ocorre quando a paralisação do contrato é parcial, ou seja, embora continue a existir, o contrato não se opera em sua plenitude, havendo uma simples interrupção na prestação de serviço do empregado, recaindo sobre o empregador, a obrigatoriedade do pagamento do salário em todo ou em parte. Durante o período de interrupção do contrato, o tempo de serviço é computado normalmente para todos os efeitos legais.

A respeito, Mauricio Godinho Delgado (2016, p. 1177) em sua obra Curso de Direito do Trabalho, leciona que a interrupção contratual é a:

> Sustação temporária da principal obrigação do empregado no contrato de trabalho (prestação e disponibilidade perante o empregador), em virtude de um fato juridicamente relevante, mantidas em vigor todas as demais cláusulas contratuais. Como se vê, é a interrupção a sustação restrita e unilateral de efeitos contratuais.

Alice Monteiro de Barros (2009, p. 868) ao tratar da interrupção do contrato, refere que essa também é denominada por alguns autores como sendo a suspensão parcial do contrato, e conceituada como a paralisação temporária do trabalho pelo empregado, em que sua ausência não afeta o seu tempo de prestação de serviços a empresa, sendo computado o período de afastamento para todos os efeitos legais do contrato, recaindo sobre o empregador, a obrigação de pagar o salário e outras vantagens que decorrem do pacto laboral.

Sergio Pinto Martins (2012, p. 348-349) afirma que:

> Na interrupção, há a cessação temporária e parcial dos efeitos do contrato de trabalho. [...] Haverá interrupção quando o empregado for remunerado normalmente, embora não preste serviços, contando-se também seu tempo de serviço, mostrando a existência de uma cessação provisória e parcial dos efeitos do contrato de trabalho.

A interrupção ocorre quando a paralisação do contrato é parcial, ou seja, embora continue a existir, o contrato não se opera em sua plenitude, havendo uma simples interrupção na prestação de serviço do empregado, recaindo sobre o empregador, a obrigatoriedade do pagamento do salário em todo ou em parte. Durante o período de interrupção do contrato, o tempo de serviço é computado normalmente para todos os efeitos legais.

Já a suspensão ocorre quando a paralisação do contrato é total, ou seja, embora continue a existir o contrato, todas as cláusulas deixam de vigorar, assim durante esse período, não há prestação de serviços por parte do empregado, nem há obrigação de pagamento de salários pelo empregador.

Conforme leciona Sérgio Pinto Martins (2012, p. 348-349):

> A suspensão é a cessação temporária e total da execução e dos efeitos do contrato de trabalho. [...] Na suspensão, o empregado não trabalha temporariamente, porém nenhum efeito produz em seu contrato de trabalho. São suspensas as obrigações e os direitos. O contrato de trabalho ainda existe, apenas seus efeitos não são observados.

Mauricio Godinho Delgado (2016, p. 1177), entende que:

> A suspensão contratual é a sustação temporária dos principais efeitos do contrato de trabalho no tocante às partes, em virtude de um fato juridicamente relevante, sem ruptura, contudo do vínculo contratual formado. É a sustação ampliada e recíproca de efeitos contratuais, preservado porém, o vínculo entre as partes.

Os principais efeitos da suspensão do contrato de trabalho, são que, durante o período de afastamento, ocorre a cessação temporária/provisória da prestação de serviço, o empregador não paga salários, o empregado não presta serviços e não há contagem do tempo de serviço para todos os efeitos legais.

Já os principais efeitos da interrupção do contrato de trabalho, são que, durante o período de afastamento ocorre à cessação temporária/provisória da prestação de serviço, o empregador tem que cumprir obrigações do contrato de trabalho, e há contagem do tempo de serviço para todos os efeitos legais.

Dentre as várias situações de interrupção e suspensão do contrato de trabalho, a que importa para análise do presente trabalho, é a suspensão do contrato de trabalho do empregado, por motivo de doença, acidente de trabalho ou doença ocupacional, a partir do

16º dia de afastamento, ocasião em que o empregado receberá o auxílio-doença pago pela Previdência Social.

4.2. Suspensão do contrato de trabalho na concessão do auxílio-doença

Consoante previsto no art. 476 da CLT, em caso de seguro-doença ou auxílio-enfermidade, o empregado é considerado em licença não remunerada, durante o prazo desse benefício.

Conforme visto no capítulo anterior específico sobre o auxilio-doença, nos casos de incapacidade laborativa, que o impeça de realizar o seu trabalho ou atividade habitual por mais de quinze dias, o empregado será encaminhado para avaliação da perícia médica do INSS, cabendo ao médico perito previdenciário, à avaliação da capacidade laborativa.

Confirmada a incapacidade para o seu trabalho ou atividade habitual, será concedido o benefício de auxílio-doença, com início no 16º (décimo sexto) dia do afastamento de sua atividade, desde que obedecido os requisitos previstos pelo sistema previdenciário.

Nesse caso, a concessão do benefício previdenciário de auxílio-doença importa na suspensão do contrato de trabalho, onde o empregado permanece afastado, sem trabalhar e sem receber salário do empregador, nessa situação, a responsabilidade do pagamento de proventos é da Previdência Social. Ademais, o tempo de duração do afastamento não será contado para nenhum efeito para o empregador, com exceção das férias, pois será computado no período aquisitivo o tempo de auxílio-doença até seis meses, mesmo que descontínuos, conforme previsto no art. 131, inciso III, combinado com o art. 133, inciso IV, da CLT.

Para Mauricio Godinho Delgado (2016, p. 1182-1183), são casos de suspensão de contrato de trabalho, dentre outros, o afastamento previdenciário por motivo de doença, a partir do 16º dia ("auxílio-doença") – art. 476 da CLT e o, afastamento previdenciário por motivo de acidente do trabalho ou doença ocupacional ou profissional a partir do 16º dia (auxílio-acidente) – art. 476 da CLT: paragrafo único do art. 4º, CLT.

Do mesmo modo a respeito da suspensão do contrato de trabalho do segurado em gozo de auxílio-doença, Castro e Lazzari (2014, p. 787) esclarecem "o Segurado empregado — urbano ou rural — em gozo de auxílio-doença deve ser considerado pela empresa com licenciado: há, na verdade, a suspensão do contrato de trabalho".

Capítulo 5

Programa de Controle Médico e Saúde Ocupacional — PCMSO

O Programa de Controle Médico e Saúde Ocupacional (PCMSO) está previsto na Norma Regulamentadora n. 7 (NR-7), instituído pela Portaria n. 3.214 de 8 de junho de 1978 do Ministério do Trabalho.

A NR-7 prevê a obrigatoriedade do Programa de Controle Médico e Saúde Ocupacional — PCMSO, determinando que todas as empresas que possuam trabalhadores no regime celetista, elaborem e implementem o programa.

O PCMSO é tratado como sistema de gestão, com objetivo de promoção e preservação da saúde dos conjuntos dos seus trabalhadores (prevenir, rastrear, diagnosticar precocemente as doenças e conduzir os casos diagnosticados, prevenindo agravamentos), conforme previsto no item 7.1.1 da NR-7:

> 7.1.1. Esta Norma Regulamentadora — NR estabelece a obrigatoriedade de elaboração e implementação, por parte de todos os empregadores e instituições que admitam trabalhadores como empregados, do Programa de Controle Médico de Saúde Ocupacional — PCMSO, com o objetivo de promoção e preservação da saúde do conjunto dos seus trabalhadores.

A Associação Nacional de Medicina do Trabalho (ANAMT), ao emitir a Sugestão de Conduta 5 — sobre Elaboração e Desenvolvimento do PCMSO, no seu item 2 — Apresentação e Justificativa, define os objetivos do PCMSO como: a promoção e a preservação da saúde do trabalhador, devendo ser a tradução da Medicina do Trabalho no seu amplo campo de atuação, com foco maior na promoção da saúde e contemplando a prevenção em todos os níveis.

A NR-7 no item 7.2 traz diretrizes mínimas para nortear as ações a serem desenvolvidas pelas empresas, como condutas e boas práticas, de forma a tornar o programa funcional e dinâmico, devendo o mesmo estar articulado com as demais Normas Regulamentadores (NR), considerando questões incidentes sobre o indivíduo e a coletividade dos trabalhadores, privilegiando o instrumental clínico-epidemiológico na abordagem da relação entre sua saúde e o trabalho. Deverá ainda, ter caráter de prevenção, rastreamento e diagnóstico precoce dos agravos à saúde relacionados ao trabalho, inclusive de natureza subclínica, além da constatação da existência de casos de doenças profissionais ou danos irreversíveis à saúde dos trabalhadores, e ser implantado com base nos riscos à saúde dos trabalhadores, especialmente os identificados nas avaliações previstas nas demais NR, ou seja, por meio da análise de grupos específicos de trabalhadores (avaliação individual e coletiva), encontrar os motivos que adoecem os trabalhadores, adotando conduta preventiva, antes da instalação definitiva da doença no organismo.

O programa deve estar articulado com todas as Normas Regulamentadoras (atualmente são 36 NRs), principalmente com a NR-9 — Programa de Prevenção de Riscos Ambientais — PPRA, que prevê o estudo, reconhecimento, avaliação e consequente controle dos riscos ocupacionais existentes no desenvolvimento e realização de cada atividade, nos locais e ambientes de trabalho, e/ou grupo homogêneo de trabalhadores, com a finalidade de se estabelecer um conjunto de exames clínicos e complementares, específicos para cada função/atividade, para a prevenção e detecção precoce dos agravos à saúde dos trabalhadores.

Sebastião Geraldo de Oliveira (2011, p. 447-448) ao tratar sobre o PCMSO, esclarece:

> Articulado com o PPRA e com outras iniciativas no campo da saúde dos trabalhadores, a NR-7 da Portaria n. 3.214/1978 prevê obrigatoriamente de elaboração e implementação, por todos os empregadores, do PCMSO, como o objetivo de promoção e preservação da saúde do conjunto dos trabalhadores, estabelecendo parâmetros mínimos a serem observados, os quais, entretanto, poderão ser ampliados mediante negociação coletiva.
>
> [...]
>
> Afinado com o que prevê o art. 198, II da Constituição da Republica, o PCMSO deverá ter caráter preventivo, mediante rastreamento e diagnóstico precoce dos agravos à saúde relacionados com o trabalho, inclusive de natureza subclínica, além da constatação de existência de casos de doenças profissionais ou danos irreversíveis à saúde do trabalhador.

Já Luiz Antônio Rabelo Rocha (2011, p. 21-22) conceitua o PCMSO como:

> Programa de atenção à saúde ocupacional integrado ao contexto de trabalho, com abordagem clínica e epidemiológica da relação entre saúde e trabalho, focado na prevenção e rastreamento dos agravos à saúde, com especial atenção ao diagnóstico em fases subclínicas das doenças.

O programa deverá ter uma abordagem instrumental clínico epidemiológico, ou seja, por meio do estudo caso a caso, da doença no indivíduo-trabalhador (clinica), as informações geradas, devem ser tratadas de forma coletiva, estudando os fatores que determinam a frequência e distribuição das doenças em grupos de pessoas (epidemiologia), buscando identificar com cálculo de taxas ou coeficientes, no ambiente de trabalho, quais locais, setores, atividades, funções, tarefas, horários, ou grupos de trabalhadores, que ocorrem com maior incidência os agravos à saúde e, após detecção, faça o controle do risco, visando a promoção e preservação da saúde.

Luiz Antônio Rabelo Rocha (2011, p. 24) define epidemiologia como sendo o "estudo quantitativo da distribuição dos fenômenos de saúde/doença e seus fatores condicionantes e determinantes nas populações humanas. Esse estudo permite a quantificação dos eventos patológicos, além de propiciar a avaliação da eficácia das intervenções realizadas".

A avaliação da distribuição das doenças em grupos de pessoas oferece um grande campo de pesquisa, possibilitando a adoção de medidas preventivas na preservação da saúde do trabalhador. Para que isso ocorra de forma eficiente, além das informações, o médico coordenador do PCMSO deverá ter total conhecimento das condições e ambiente onde são realizados os trabalhos e atividades.

A respeito, a Associação Nacional de Medicina do Trabalho (ANAMT), no mesmo parecer sobre Elaboração e Desenvolvimento do PCMSO, ao tratar sobre o conhecimento das condições de trabalho sugere que:

2.1. Para elaborar um programa de prevenção da doença relacionada ao trabalho, para estabelecer nexo entre doença e trabalho e para avaliar capacidade laborativa, o médico do trabalho deve ter identificados os fatores de risco e as exigências físicas e psíquicas no processo e ambiente de trabalho. Significa saber o que o trabalhador faz, como faz e onde faz. Esse conhecimento é obtido através das descrições das atividades quando disponíveis, das informações da gerência, do PPRA, da avaliação ergonômica quando disponível e, necessariamente, através do estudo do trabalhador durante suas atividades e das informações por ele fornecidas.

2.2. Deve o médico analisar *in loco* (preferencialmente com o PPRA em mãos) todas as funções, registrando em planilhas individuais as atividades, o horário de trabalho, as pausas, a posição de trabalho, ritmo de trabalho, conteúdo da tarefa, a quantificação e a forma de controle da produtividade, condições ambientais, mobiliário, ferramentas, máquinas, equipamentos do posto de trabalho e as exigências físicas/psíquicas de cada função. Deve ter atenção às situações e operações que possam gerar sobrecarga músculo-ligamentar estática e/ou dinâmica e compressão localizada sobre estruturas do organismo. É importante considerar que a mesma função em setores diferentes pode ter riscos e exigências físicas/psíquicas diferentes. As avaliações ergonômicas ainda são pouco comuns nas empresas, cabendo ao médico do trabalho a avaliação dos riscos para a elaboração do PCMSO.

2.3. Sempre que possível, o PCMSO, tal como o PPRA, deve procurar identificar os chamados Grupos Homogêneos de Risco, ou seja, aquele conjunto de trabalhadores de um mesmo setor ou até de setores diferentes que se expõem em grau similar aos mesmos fatores de risco. A formação de tais grupos serve ao melhor conhecimento da realidade da empresa e à maior colaboração dos trabalhadores para o mapeamento e controle de riscos.

Por ser um programa de prevenção de saúde dos trabalhadores, com base na exposição dos riscos e agentes encontrados no ambiente de trabalho, bem como as atividades desenvolvidas a serviço da empresa, além da elaboração, implementação e zelo pela eficácia, todos os custos dos procedimentos serão de responsabilidade do empregador, sem ônus para o empregado, cabendo ainda, a esse, a indicação de médico responsável pela sua execução, empregado ou não da empresa, conforme condições previstas no item 7.3 e subitens da NR-7, a seguir:

7.3. DAS RESPONSABILIDADES

7.3.1. Compete ao empregador:

a) garantir a elaboração e efetiva implementação do PCMSO, bem como zelar pela sua eficácia;

b) custear sem ônus para o empregado todos os procedimentos relacionados ao PCMSO;

c) indicar, dentre os médicos dos Serviços Especializados em Engenharia de Segurança e Medicina do Trabalho — SESMT, da empresa, um coordenador responsável pela execução do PCMSO;

d) no caso de a empresa estar desobrigada de manter médico do trabalho, de acordo com a NR 4, deverá o empregador indicar médico do trabalho, empregado ou não da empresa, para coordenar o PCMSO;

e) inexistindo médico do trabalho na localidade, o empregador poderá contratar médico de outra especialidade para coordenar o PCMSO.

7.3.1.1. Ficam desobrigadas de indicar médico coordenador as empresas de grau de risco 1 e 2, segundo o Quadro 1 da NR 4, com até 25 (vinte e cinco) empregados e aquelas de grau de risco

3 e 4, segundo o Quadro 1 da NR 4, com até 10 (dez) empregados. (Alterado pela Portaria n. 8, de 5 de maio de 1996)

7.3.1.1.1. As empresas com mais de 25 (vinte e cinco) empregados e até 50 (cinquenta) empregados, enquadradas no grau de risco 1 ou 2, segundo o Quadro 1 da NR 4, poderão estar desobrigadas de indicar médico coordenador em decorrência de negociação coletiva.

7.3.1.1.2. As empresas com mais de 10 (dez) empregados e com até 20 (vinte) empregados, enquadradas no grau de risco 3 ou 4, segundo o Quadro 1 da NR-4, poderão estar desobrigadas de indicar médico do trabalho coordenador em decorrência de negociação coletiva, assistida por profissional do órgão regional competente em segurança e saúde no trabalho.

7.3.1.1.3. Por determinação do Delegado Regional do Trabalho, com base no parecer técnico conclusivo da autoridade regional competente em matéria de segurança e saúde do trabalhador, ou em decorrência de negociação coletiva, as empresas previstas no item 7.3.1.1 e subitens anteriores poderão ter a obrigatoriedade de indicação de médico coordenador, quando suas condições representarem potencial de risco grave aos trabalhadores.

Obrigatoriamente, desde a admissão do empregado até a sua demissão, as empresas devem realizar exames médicos clínicos e complementares em seus trabalhadores, assim, o PCMSO deve incluir os exames médicos na admissão, na demissão, periodicamente, no retorno ao trabalho e na mudança de função.

Desse modo, o item 7.4.1 da NR-7 assim dispõe:

7.4.1. O PCMSO deve incluir, entre outros, a realização obrigatória dos exames médicos:

a) admissional;

b) periódico;

c) de retorno ao trabalho;

d) de mudança de função;

e) demissional.

Já em conformidade com o item 7.4.2 da NR-7, na ocasião do exame médico deve ser realizada a avaliação clínica (anamnese ocupacional, exame físico e mental), e exames complementares especificados nas NR e seus anexos, obedecendo aos prazos e à periodicidade conforme previstos no item 7.4.3 e subitens, conforme segue: Admissional: deverá ser realizado antes do início das atividades na empresa; Periódico: deverá ser realizado anualmente para menores de 18 e maiores de 45 anos; e a cada 02 anos, para trabalhadores entre 18 e 45 anos; Retorno ao Trabalho: deverá ser realizado obrigatoriamente no primeiro dia da volta ao trabalho de trabalhador ausente por período igual ou superior a 30 (trinta) dias por motivo de doença ou acidente, de natureza ocupacional ou não, ou parto; Mudança de função: deverá ser realizado antes da data de mudança função (entende-se por mudança de função toda e qualquer alteração de atividade, posto de trabalho ou de setor que implique a exposição do trabalhador a risco diferente daquele a que estava exposto antes da mudança); Demissional: deverá ser realizado até a data da rescisão de contrato (não há necessidade da realização na demissão, desde que o último exame médico ocupacional tenha sido realizado há mais de 135 dias para as empresas de grau de risco 1 e 2; de 90 dias para as empresas de risco 3 e 4).

Sobre a importância e amplitude do PCMSO, em sua obra Sebastião Geraldo de Oliveira (2011, p. 448) cita a avaliação positiva do professor Márcio Serrano, ex-presidente da Associação Mineira de Medicina do Trabalho, a seguir:

> Como é tecnicamente possível prevenir ou diagnosticar precocemente os agravos à saúde dos trabalhadores, o PCMSO representará um grande benefício para todos, em função da dimensão da população por ele abrangida. Com o PCMSO, cada empresa irá contribuir para a promoção da saúde para a prevenção das doenças profissionais e do trabalho, para o tratamento dos doentes profissionais e do trabalho, para recuperação da capacidade residual de trabalho e para o encaminhamento mais adequado dos casos dos trabalhadores insuscetíveis de recuperação. O essencial do PCMSO é promover a saúde e prevenir as doenças profissionais do trabalho.

É inegável que o PCMSO é um importante sistema de gestão, com objetivo amplo de promoção e preservação da saúde dos trabalhadores, que visa prevenir, rastrear e diagnosticar precocemente as doenças, conduzindo os casos diagnosticados e prevenindo o seu agravamento.

5.1. Médico do Trabalho

Inicialmente, importante conceituar o que se entende por medicina do trabalho e qual o seu campo de atuação.

A Medicina do trabalho é a especialidade médica que lida com a relação entre o meio de trabalho e a saúde dos trabalhadores, visando a promoção da saúde (física e mental) e qualidade de vida, bem como a prevenção dos acidentes e das doenças do trabalho.

A Associação Nacional de Medicina do Trabalho (ANAMT) conceitua a Medicina do Trabalho como:

> A especialidade médica que lida com as relações entre homens e mulheres trabalhadores e seu trabalho, visando não somente a prevenção dos acidentes e das doenças do trabalho, mas a promoção da saúde e da qualidade de vida. Tem por objetivo assegurar ou facilitar aos indivíduos e ao coletivo de trabalhadores a melhoria contínua das condições de saúde, nas dimensões física e mental, e a interação saudável entre as pessoas e, estas, com seu ambiente social e o trabalho.
>
> A Medicina do Trabalho está construída sobre dois pilares: a Clínica e a Saúde Pública. Sua ação está orientada para a prevenção e a assistência do trabalhador vítima de acidente, doença ou de incapacidade relacionados ao trabalho e, também, para a promoção da saúde, do bem estar e da produtividade dos trabalhadores, suas famílias e a comunidade.

Da mesma forma, a Fundação Osvaldo Cruz (FIOCRUZ), assim define a Medicina do Trabalho como:

> A especialidade médica que lida com as relações entre a saúde dos homens e mulheres trabalhadores e seu trabalho, visando não somente a prevenção das doenças e dos acidentes do trabalho, mas a promoção da saúde e da qualidade de vida, através de ações articuladas capazes de assegurar a saúde individual, nas dimensões física e mental, e de propiciar uma saudável inter-relação das pessoas e destas com seu ambiente social, particularmente, no trabalho.
>
> Ela atua especificamente visando a promoção e a preservação da saúde do trabalhador. Compete ao médico do trabalho avaliar e detectar condições adversas nos locais de trabalho, ou sua ausência.

O campo de atuação da Medicina do Trabalho é amplo, extrapolando o âmbito tradicional da prática médica. De modo esquemático, pode-se dizer que o exercício da especialidade tem como campo preferencial:

— os espaços do trabalho ou da produção — as empresas — (que na atualidade tem contornos cada vez mais fluidos),como empregado nos Serviços Especializados de Engenharia de Segurança e de Medicina do Trabalho (SESMT), como prestador de serviços técnicos, elaboração do PCMSO; ou de consultoria na normalização e fiscalização das condições de saúde e segurança no trabalho desenvolvida pelo Ministério do Trabalho;

— a rede pública de serviços de saúde, no desenvolvimento das ações de saúde do trabalhador; a assessoria sindical em saúde do trabalhador, nas organizações de trabalhadores e de empregadores

— a Perícia Médica da Previdência Social, enquanto seguradora do Acidente do Trabalho (SAT). (Na perspectiva da privatização do SAT, este campo deverá ser ampliado); a atuação junto ao Sistema Judiciário, como perito judicial em processos trabalhistas, ações cíveis e ações da Promotoria Pública;

— a atividade docente na formação e capacitação profissional; a atividade de investigação no campo das relações Saúde e Trabalho, nas instituições de Pesquisa;

— consultoria privada no campo da Saúde e Segurança no Trabalho.

A descrição das possibilidades de inserção ou do exercício profissional para os Médicos do Trabalho define, por si, as subespecialidades e as exigências diferenciadas que se colocam nas várias inserções. Para além do substrato comum de capacitação técnica, desenham-se distintos perfis e habilidades específicas que são requeridas dos Médicos do Trabalho, dependendo da inserção profissional particular. Para o exercício da Medicina do Trabalho é importante que o profissional tenha uma boa formação em Clínica Médica e domine os conceitos e as ferramentas da Saúde Pública. Além disto, o Médico do Trabalho deverá estar sintonizado com os acontecimentos no "mundo do trabalho" em seus aspectos sociológicos, políticos, tecnológicos, demográficos, entre outros.

Preservar a saúde do trabalhador, bem maior de qualquer empresa: objetivo que norteia o especialista em Medicina do Trabalho.

Como visto, em síntese, a Medicina do Trabalho tem como finalidade a promoção e preservação da saúde e qualidade de vida do trabalhador. A exigência do médico do trabalho na empresa está prevista na NR-7, que estabelece como obrigação do médico coordenador, integrante do Serviço Especializado em Engenharia de Segurança e Medicina do Trabalho – SESMT da empresa, coordenar a execução do PCMSO.

Em conformidade com o item 4.4.1 da NR-4, para poder exercer a função de médico do trabalho, o profissional médico deve ter cursado especialização em medicina do trabalho ou ser portador de certificado de residência médica em área de concentração em saúde do trabalhador ou denominação equivalente, reconhecido pela Comissão Nacional de Residência Médica do Ministério da Educação.

O médico do trabalho deve avaliar a capacidade do trabalhador no exame médico admissional, verificando se o mesmo pode exercer determinada ocupação, realizar reavaliações periódicas de sua saúde, com destaque aos riscos ocupacionais aos quais os trabalhadores ficam expostos e atividades que realizam, bem como realizar exames de mudança de função e retorno ao trabalho, verificando se o trabalhador pode realizar determinada atividade, sem colocar em risco a sua saúde e integridade física. Ainda, é responsável em avaliar no momento do desligamento do empregado, se o mesmo está apto ou inapto (em termos de saúde) para ser desligado da empresa.

Por ser responsável pela execução do Programa de Controle Médico e Saúde Ocupacional — PCMSO, ou seja, o programa de gestão de promoção e preservação do conjunto dos trabalhadores da empresa, o médico do trabalho deve conhecer *in loco*, os ambientes de trabalho e todas as atividades dos funcionários, com o proposito de intervir na relação entre a exigência de uma atividade profissional e o impacto dessa atividade no dia a dia na saúde dos trabalhadores, além de amplo conhecimento da legislação de segurança e saúde ocupacional brasileira e estrangeira, com a intenção de levantar, avaliar e identificar os possíveis quadros de adoecimento, bem como, promover campanhas de prevenção e conscientização aos trabalhadores.

Desse modo, com o intuito esclarecer e explicar em que consiste a atividade do médico do trabalho, a Associação Paulista de Medicina do Trabalho (APMT, 2012) em seu parecer, assim o define:

> O Médico do Trabalho é o profissional médico especializado com forte inclinação à Medicina Preventiva; conhecedor das questões de ordem médica ligadas ao labor e dos riscos inerentes às diversas atividades laborativas; capaz de identificar os potenciais riscos à saúde do trabalhador, interferindo no ambiente de trabalho e na forma de desempenhar o labor no intuito de proteger a saúde do trabalhador impedindo a gênese e/ou agravamento de doenças. Ao Médico do Trabalho cabe avaliar a aptidão do trabalhador ao labor, realizando, dentre outras tarefas, exames médicos de saúde ocupacional e vistorias em ambiente de trabalho periodicamente.
>
> [...]
>
> O Médico do Trabalho é o profissional que vivencia e conhece efetivamente o ambiente de trabalho do trabalhador e a forma como este trabalhador desempenha suas atividades laborativas. Por estar próximo e conhecer o ambiente de trabalho, pode, através de avaliação "*in loco*", estabelecer criteriosamente com valor técnico-científico a aptidão e a capacidade laborativa do trabalhador para labor específico, bem como nexo de causalidade entre determinada doença e o labor estudado.

O Conselho Federal de Medicina (CFM), por meio da Resolução n. 1.488/1998, em seu art. 1º, define como obrigação dos médicos que prestam assistência médica ao trabalhador, independentemente de sua especialidade ou local em que atuem:

> I – assistir ao trabalhador, elaborar seu prontuário médico e fazer todos os encaminhamentos devidos;
>
> II – fornecer atestados e pareceres para o afastamento do trabalho sempre que necessário, CONSIDERANDO que o repouso, o acesso a terapias ou o afastamento de determinados agentes agressivos faz parte do tratamento;
>
> III – fornecer laudos, pareceres e relatórios de exame médico e dar encaminhamento, sempre que necessário, para benefício do paciente e dentro dos preceitos éticos, quanto aos dados de diagnóstico, prognóstico e tempo previsto de tratamento. Quando requerido pelo paciente, deve o médico por à sua disposição tudo o que se refira ao seu atendimento, em especial cópia dos exames e prontuário médico.

Ainda, a Resolução n. 1.488/1998 do Conselho Federal de Medicina, em seu art. 3º, define como atribuição dos médicos que trabalham em empresas, independentemente de sua especialidade:

I – atuar visando essencialmente à promoção da saúde e à prevenção da doença, conhecendo, para tanto, os processos produtivos e o ambiente de trabalho da empresa;

II – avaliar as condições de saúde do trabalhador para determinadas funções e/ou ambientes, indicando sua alocação para trabalhos compatíveis com suas condições de saúde, orientando-o, se necessário, no processo de adaptação;

III – dar conhecimento aos empregadores, trabalhadores, comissões de saúde, CIPAS e representantes sindicais, através de cópias de encaminhamentos, solicitações e outros documentos, dos riscos existentes no ambiente de trabalho, bem como dos outros informes técnicos de que dispuser, desde que resguardado o sigilo profissional;

IV – Promover a emissão de Comunicação de Acidente do Trabalho, ou outro documento que comprove o evento infortunístico, sempre que houver acidente ou moléstia causada pelo trabalho. Essa emissão deve ser feita até mesmo na suspeita de nexo causal da doença com o trabalho. Deve ser fornecida cópia dessa documentação ao trabalhador;

V – Notificar, formalmente, o órgão público competente quando houver suspeita ou comprovação de transtornos da saúde atribuíveis ao trabalho, bem como recomendar ao empregador a adoção dos procedimentos cabíveis, independentemente da necessidade de afastar o empregado do trabalho.

Define ainda, em seu art. 4º, como deveres dos médicos de empresas que prestam assistência médica ao trabalhador, independentemente de sua especialidade:

I – atuar junto à empresa para eliminar ou atenuar a nocividade dos processos de produção e organização do trabalho, sempre que haja risco de agressão à saúde;

II – promover o acesso ao trabalho de portadores de afecções e deficiências para o trabalho, desde que este não as agrave ou ponha em risco sua vida;

III – opor-se a qualquer ato discriminatório impeditivo do acesso ou permanência da gestante no trabalho, preservando-a, e ao feto, de possíveis agravos ou riscos decorrentes de suas funções, tarefas e condições ambientais.

A Associação Nacional de Medicina do Trabalho (ANAMT) define como competências requeridas para exercício da profissão de médico do trabalho, além das mínimas contidas Resolução n. 1.488/98 do CFM, que o profissional médico seja capaz de:

— Realizar exames de avaliação da saúde dos trabalhadores (admissionais, periódicos, demissionais), incluindo história médica, história ocupacional, avaliação clínica e laboratorial, avaliação das demandas profissiográficas e cumprimento dos requisitos legais vigentes;

— Diagnosticar e tratar as doenças e acidentes relacionados com o trabalho, incluindo as providências para reabilitação física e profissional;

— Prover atenção médica de emergência, na ocorrência de agravos à saúde não necessariamente relacionados ao trabalho;

— Identificar os principais fatores de risco presentes no ambiente de trabalho decorrentes do processo laboral e das formas de organização do trabalho, além das principais consequências ou danos para a saúde dos trabalhadores;

— Identificar as principais medidas de prevenção e controle dos fatores de risco presentes nos ambientes e condições de trabalho, inclusive a correta indicação e limites do uso dos Equipamentos de Proteção Individual (EPI);

— Implementar atividades educativas junto aos trabalhadores e empregadores;

— Participar da inspeção e avaliação das condições de trabalho, com vistas ao seu controle e à prevenção dos danos para a saúde dos trabalhadores;

— Avaliar e opinar sobre o potencial tóxico de risco ou perigo para a saúde de produtos químicos mal conhecidos ou insuficientemente avaliados quanto à sua toxicidade;

— Interpretar e cumprir normas técnicas e os regulamentos legais, colaborando, sempre que possível, com os órgãos governamentais no desenvolvimento e aperfeiçoamento desses códigos;

— Planejar e implantar ações para situações de desastres ou acidentes de grandes proporções;

— Participar da implementação de programas de reabilitação de trabalhadores com dependência química;

— Gerenciar as informações estatísticas e epidemiológicas relativas à mortalidade, morbidade, incapacidade para o trabalho, para fins da vigilância da saúde e do planejamento, implementação e avaliação de programas de saúde;

— Planejar e implementar outras atividades de promoção da saúde, priorizando o enfoque dos fatores de risco relacionados ao trabalho.

Dentre todas as obrigações, deveres e atribuições do médico do trabalho e médicos que prestam assistência ao trabalhador, é possível observar, como sendo fator essencial para promoção e preservação da saúde do trabalhador, que o profissional conheça os fatores de risco e as exigências físicas e psíquicas presentes no ambiente, processo laboral e formas de organização do trabalho (saber o que o trabalhador faz, como faz e onde faz), capazes de lesar a saúde e o bem estar dos trabalhadores, causar ou contribuir para o adoecimento, bem como, proponha medidas de prevenção e controle dos fatores de risco presentes nos ambientes e condições de trabalho.

5.2. Médico assistente

O médico é o profissional autorizado a exercer a medicina, com a responsabilidade de conservar ou restituir a saúde humana, investigando a natureza e as causas das doenças, prevenindo, diagnosticando, tratando e curando.

A relação do médico com o paciente é uma interação que envolve responsabilidade e extrema confiança, cabendo ao médico assistente ao realizar o tratamento, se empenhar em utilizar todo seu conhecimento e habilidades para o benefício de seu paciente.

Ao médico assistente, cabe ainda quando necessária, a emissão de atestado ou relatório médico, principalmente com o intuito de o paciente buscar benefícios previdenciários.

O Conselho Federal de Medicina, ao publicar a Resolução n. 1.851/2008 de 18 de agosto de 2008, definiu o médico assistente como sendo:

O profissional que acompanha o paciente em sua doença e evolução e, quando necessário, emite o devido atestado ou relatório médicos e, a princípio, existem condicionantes a limitar a sua conduta quando o paciente necessita buscar benefícios, em especial, previdenciários.

Visando normatizar a emissão de atestados médicos, o Conselho Federal de Medicina, publicou a Resolução CFM n. 1.658/2002. O art. 3º define taxativamente quais os procedimentos que deverão ser observados pelo médico assistente para elaboração de atestado médico, conforme segue:

Art. 3º Na elaboração do atestado médico, o médico assistente observará os seguintes procedimentos:

I – especificar o tempo concedido de dispensa à atividade, necessário para a recuperação do paciente;

II – estabelecer o diagnóstico, quando expressamente autorizado pelo paciente;

III – registrar os dados de maneira legível;

IV – identificar-se como emissor, mediante assinatura e carimbo ou número de registro no Conselho Regional de Medicina.

Parágrafo único. Quando o atestado for solicitado pelo paciente ou seu representante legal para fins de perícia médica deverá observar:

I – o diagnóstico;

II – os resultados dos exames complementares;

III – a conduta terapêutica;

IV – o prognóstico;

V – as consequências à saúde do paciente;

VI – o provável tempo de repouso estimado necessário para a sua recuperação, que complementará o parecer fundamentado do médico perito, a quem cabe legalmente a decisão do benefício previdenciário, tais como: aposentadoria, invalidez definitiva, readaptação;

VII – registrar os dados de maneira legível;

VIII – identificar-se como emissor, mediante assinatura e carimbo ou número de registro no Conselho Regional de Medicina.

Como visto, cabe ao médico assistente, adotar dentre outros procedimentos quando da emissão do atestado, especificar o tempo concedido de dispensa à atividade, necessário para a recuperação do paciente, e sendo o atestado solicitado pelo paciente ou seu representante legal, para fins de perícia médica, indicar ainda, o diagnóstico, os resultados dos exames complementares, a conduta terapêutica, o prognóstico, as consequências à saúde do paciente e o provável tempo de repouso estimado necessário para a sua recuperação, com a finalidade de auxiliar e complementar o parecer fundamentado do médico perito.

O médico perito da Previdência Social Ricardo Augusto Barbosa Medeiros, ao escrever o artigo "A importância do atestado médico para o INSS", no sítio do Conselho Regional de Medicina do Estado de Goiás, teceu as seguintes considerações sobre a emissão do atestado pelo médico assistente:

> O Atestado emitido pelo médico assistente para afastamento do trabalho deve ser assinado pelo profissional habilitado que examinou o paciente com a data do efetivo atendimento prestado. Deve ser redigido em linguagem clara e simples, e seu conteúdo deve conter informações relacionadas ao diagnóstico, exames,

evolução, tratamento, prognóstico e as consequências à saúde do paciente, podendo também expressar outras recomendações médicas pertinentes, como se há necessidade de afastamento do trabalho e qual o tempo médio para recuperação. O médico assistente, ao emitir seu atestado, não pode determinar capacitação ou não para o trabalho, uma vez que esta depende, entre outras coisas, do nexo causal entre os transtornos da saúde e as atividades do trabalhador; bem como não deve sugerir conclusões previdenciárias, já que na maioria das vezes este não possui conhecimentos da legislação vigente. Se ainda assim o fizer, estará agindo como perito de seu próprio paciente, incorrendo em ilícito ético. Dependendo da idade do paciente, de sua profissão, escolaridade e outras características sócio-profissionais, o perito médico poderá chegar a conclusões legais absolutamente distintas para a mesma situação clínica. Uma mesma doença dependendo do contexto sócio-profissional pode permitir o trabalho normal, pode exigir reabilitação profissional ou pode levar à aposentadoria por invalidez.

Assim é possível concluir, que é de extrema importância o atestado e ou relatório emitido pelo médico assistente, pois é esse profissional que acompanha o paciente em sua doença e evolução, cabendo a ele, especificamente quando a emissão for para fins de perícia médica previdenciária, analisar quais as consequências à saúde do paciente-trabalhador, em realizar determinada atividade, bem como o prazo necessário para restaurar a sua capacidade laborativa, embora a decisão final, sobre a decisão do benefício previdenciário, cabe ao médico perito.

5.3. Exame médico de retorno ao trabalho

O exame médico de retorno ao trabalho está contemplado no Programa de Controle Médico e Saúde Ocupacional — PCMSO, cujas diretrizes são determinadas pela NR-7, especificamente no item 7.4.1, alínea "c", que assim dispõe que o PCMSO deverá contemplar, entre outros exames médicos obrigatórios, o de retorno ao trabalho.

A realização do exame médico de retorno ao trabalho, logo após regresso de afastamento médico superior a 30 (trinta) dias ou parto, é compreendido como uma prática relacionada à promoção e preservação da saúde, com a finalidade de diagnosticar se o trabalhador, após o afastamento médico, realmente recuperou sua capacidade física, podendo retornar ao trabalho e desenvolver suas atividade habituais em plenas condições. Dessa forma o exame médico de retorno ao trabalho deve ser realizado com certas cautelas, pois cada atividade possui os seus riscos específicos, bem como grau de complexidade diferenciada.

Ocorrendo afastamento de um trabalhador por motivos de saúde, antes de retornar a desempenhar o seu trabalho ou atividades habituais, a empresa deve ter certeza de que ele se encontra apto para retornar na mesma função da época do afastamento.

O exame médico de retorno ao trabalho é substancial para não acelerar o retorno do trabalhador, ainda em estado de recuperação, garantindo que diante de um profissional especializado (Médico Legalmente responsável pelo PCMSO da empresa), que conhece os riscos atividade, ambiente e condições de trabalho, avalie a capacidade laborativa do empregado, e verifique se há a possibilidade ou não da volta, considerando-o apto ou inapto para retornar ao trabalho.

Nesse entendimento, Vicente Pedro Marano (2010, p. 213) afirma:

> Tratando-se de exame médico de retorno ao trabalho, a avaliação médica deve constar de um exame clínico geral com atenção para patologias que provocam o afastamento do trabalhador (doença profissional, do trabalho ou simples patologia comum).
>
> Nessa oportunidade também deverá ser emitido o Atestado de Saúde Ocupacional (ASO) em três vias, no qual deve constar se o trabalhador está apto ou não para o retorno imediato ao trabalho e para suas primitivas funções. Se, entretanto, o empregado não está apto para o imediato retorno ao trabalho deve-se fazê-lo retornar para a perícia médica do INSS, sugerindo o prolongamento do afastamento.

Conforme item 7.4.3.1 da NR-7, o exame médico de retorno ao trabalho deverá ser realizado, obrigatoriamente no primeiro dia da volta do empregado, em situações nas quais o trabalhador permaneça afastado do serviço por período igual ou superior a 30 (trinta) dias por motivo de doença ou acidente, de natureza ocupacional ou não, ou ainda na volta da empregada ao trabalho, após o parto.

Como visto, a lei obriga o empregado a se submeter e ser aprovado no exame médico de retorno ao trabalho, realizado pelo médico responsável pelo PCMSO da empresa, pois é esse profissional que tem conhecimento sobre os riscos, ambiente e condições de trabalho (saber o que o trabalhador faz, como faz e onde faz) que o trabalhador está exposto. Assim, caso o empregado não tenha condições de retornar ao trabalho, após ter sido reprovado no exame médico, ou seja, considerado inapto para realizar o trabalho ou função/atividade realizadas na época do afastamento, o médico deverá novamente encaminhá-lo para a perícia da previdência.

5.4. Atestado de Saúde Ocupacional – ASO

A NR-7, ainda define como obrigatoriedade, a emissão de Atestado de Saúde Ocupacional — ASO, para cada exame médico realizado (admissional, periódico, de retorno ao trabalho, de mudança de função e demissional).

O ASO é o documento médico que atesta a aptidão ou inaptidão do candidato a emprego (exame médico admissional) ou do empregado da empresa (exame médico: periódico, mudança de função, retorno ao trabalho ou demissional) para determinada função ou atividade.

Cabe ao médico a emissão do ASO em 2 (duas) vias, sendo a primeira via de arquivo da empresa, e a segunda, entregue para o trabalhador no ato do exame.

Sobre a emissão do ASO, o item 7.4.4 da NR-7 e seus subitens assim dispõe:

7.4.4. Para cada exame médico realizado, previsto no item

7.4.1, o médico emitirá o Atestado de Saúde Ocupacional – ASO, em 2 (duas) vias.

7.4.4.1. A primeira via do ASO ficará arquivada no local de trabalho do trabalhador, inclusive frente de trabalho ou canteiro de obras, à disposição da fiscalização do trabalho.

7.4.4.2. A segunda via do ASO será obrigatoriamente entregue ao trabalhador, mediante recibo na primeira via.

7.4.4.3. O ASO deverá conter no mínimo:

a) nome completo do trabalhador, o número de registro de sua identidade e sua função;

b) os riscos ocupacionais específicos existentes, ou a ausência deles, na atividade do empregado, conforme instruções técnicas expedidas pela Secretaria de Segurança e Saúde no Trabalho-SSST;

c) indicação dos procedimentos médicos a que foi submetido o trabalhador, incluindo os exames complementares e a data em que foram realizados;

d) o nome do médico coordenador, quando houver, com respectivo CRM;

e) definição de apto ou inapto para a função específica que o trabalhador vai exercer, exerce ou exerceu;

f) nome do médico encarregado do exame e endereço ou forma de contato;

g) data e assinatura do médico encarregado do exame e carimbo contendo seu número de inscrição no Conselho Regional de Medicina.

O item 7.4.4.3 da NR-7 determina quais as informações que devem conter no ASO. Além dos dados dos trabalhadores, obrigatoriamente deve conter os riscos ocupacionais específicos existentes, ou a ausência deles, na atividade do empregado; a indicação dos procedimentos médicos a que foi submetido o trabalhador, incluindo os exames complementares e a data em que foram realizados; a definição de apto ou inapto para função específica que o trabalhador vai exercer (exame médico admissional ou mudança de função), exerce (exame médico de retorno ao trabalho) ou exerceu (exame médico demissional), entre outras.

Luiz Antônio Rabelo Rocha (2011, p. 22) conceitua o ASO como:

> Documento emitido pelo médico do trabalho coordenador do PCMSO, ou pelo médico examinador indicado pelo coordenador, sendo esse último do trabalho ou não. Atesta a aptidão/inaptidão do candidato a emprego ou empregado da empresa para um cargo ou função determinada.

Da mesma forma, a Associação Nacional de Medicina do Trabalho — ANAMT, na sugestão de condutas médico-administrativas de n. 6 esclarece que:

> Ao assinar um Atestado de Saúde Ocupacional, o Médico do Trabalho, ou o médico familiarizado com a patologia ocupacional, está assinando um documento com valor legal, no qual atesta (afirma) que aquele trabalhador, naquela data, apresentava uma determinada condição de trabalho, ou sua incapacidade para o mesmo trabalho, assumindo a responsabilidade por esta afirmativa. Para poder atestar tal condição, está implícito que este médico conhece o local de trabalho e os riscos envolvidos na atividade de quem está sendo examinado, podendo determinar com segurança a aptidão, ou não, daquele trabalhador. Este conhecimento passa obrigatoriamente por um PCMSO bem realizado, o qual, por sua vez, se baseia num PPRA que determine com exatidão os riscos ocupacionais presentes nos locais de trabalho daquela empresa.

Com a simples leitura da alínea *"e"*, do item 7.4.4.3 da NR-7, é possível interpretar, que a legislação, definiu como prerrogativa do Médico legalmente responsável pelo PCMSO, a definição da aptidão ou inaptidão para o trabalho, do empregado.

Novamente, registra-se a importância desse profissional em conhecer profundamente a atividade, ambiente e as condições de trabalho do empregado, e a assim, após avaliação, afirmar com plena convicção, que na ocasião do exame médico, o empregado apresentava capacidade ou incapacidade para realização do seu trabalho e ou atividade habitual.

5.5. Aptidão e inaptidão para o trabalho

Conforme item 7.4 da NR-7 que trata sobre o desenvolvimento do PCMSO, a empresa deverá realizar exames médicos (avaliação clinica e exames complementares), na admissão, periodicamente, no retorno ao trabalho, na mudança de função e na demissão do trabalhador, com base nas condições de trabalho e os riscos a que este será, está, ou esteve exposto. Para cada exame médico realizado, deverá ser emitido pelo médico, o Atestado de Saúde Ocupacional — ASO, consignando se o trabalhador está Apto ou Inapto para desenvolver aquela função (trabalho ou atividade habitual),

A respeito da avaliação da Aptidão do trabalhador, a alínea "e" do item 7.4.4.3 da NR-7, define que no ASO deverá conter a definição de apto ou inapto para a função específica que o trabalhador vai exercer, exerce ou exerceu.

Para avaliar a aptidão do trabalhador, que ira realizar determinada função/atividade, o profissional deve obrigatoriamente conhecer a profissiografia da atividade, conforme alínea "a" do item 7.3.2 da NR-7, compete ao médico coordenador realizar os exames médicos ou encarregar os mesmos a profissional médico familiarizado com os princípios da patologia ocupacional e suas causas, bem como com o ambiente, as condições de trabalho e aos riscos a que está ou será exposto cada trabalhador da empresa a ser examinado.

Pela simples leitura é possível observar que ao médico do trabalho, cabe a avaliação da Aptidão ou Inaptidão do trabalhador, para a função que vai exercer, exerce ou exerceu, devendo obrigatoriamente estar familiarizado com os princípios da patologia ocupacional e suas causas, bem como com o ambiente, as condições de trabalho e os riscos a que estão expostos os trabalhadores, ou seja, a profissiografia.

Dessa forma o médico do trabalho é o único que pode realizar um exame criterioso, verificando se mesmo capaz, o trabalhador pode realizar aquela atividade, naquele ambiente laboral, com determinada frequência, intensidade e velocidade, ou seja, intermediar a relação entre a exigência de uma atividade profissional e o impacto do dia a dia na saúde do trabalhador, uma vez que, no caso de inadequação do empregado à determinada atividade laborativa, pode ocorrer o agravamento, surgimento de alguma doença, ou até mesmo aumentar o risco de acidentes do trabalho. Como visto, o conceito de aptidão para o trabalho é muito amplo, pois requer o conhecimento do ambiente laboral, bem como as atividades desenvolvidas.

Corrobora com esse raciocínio o parecer da Associação Paulista de Medicina (APMT, 2012), sobre o conceito de aptidão:

> O conceito de aptidão é mais amplo e engloba a capacidade. Na Medicina do Trabalho, mesmo que um trabalhador seja capaz de desempenhar determinada atividade laborativa, isso não é suficiente para considerá-lo apto para realizar determinada atividade laborativa ou assumir determinada função. Todo aquele que é apto a uma determinada função é capaz, mas nem todo aquele que é capaz de desempenhar uma função pode ser considerado apto.
>
> O sentido da atuação do Médico do Trabalho da empresa reside exatamente em avaliar a aptidão. É o único que pode fazê-lo criteriosamente, pois é aquele que conhece efetivamente o ambiente de trabalho e todas as atividades desempenhadas por cada profissional da empresa.

Não basta identificar se um trabalhador é capaz de desempenhar determinada função. O fundamental para a preservação da saúde do trabalhador é avaliar se, mesmo capaz, o desempenho de determinada função pode gerar ou agravar doenças no trabalhador. A função do Médico do Trabalho, dentre outras coisas, é avaliar a APTIDÃO.

Na avaliação de Aptidão o médico do trabalho deve avaliar essencialmente a adaptação da situação de saúde do trabalhador à sua atividade profissional e condições de trabalho, ou seja, verificar se ele possui capacidade laboral para desempenhar sua atividade habitual de acordo com a exigência da função e às condições de trabalho.

Desse modo a Inaptidão para o trabalho está intimamente associada à interdependência entre doença e as exigências do trabalho, não sendo, portanto possível avaliação sem conhecimento dessas duas realidades concretas.

O que se observa diante deste contexto, é que cabe exclusivamente ao médico coordenador do trabalho ou ao profissional médico por ele encarregado, familiarizado com os princípios da patologia ocupacional e suas causas, bem como com o ambiente, as condições de trabalho e os riscos a que está, será, ou esteve exposto o trabalhador, avaliar a sua APTIDÃO ou INAPTIDÃO para o exercício de seu trabalho ou atividade habitual.

Capítulo 6

Necessidade de Mudança de Função e/ou Atividade

Quando o trabalhador, segurado do INSS se encontra incapacitado por motivo de doença ou acidente de trabalho, deve ser afastado do trabalho e de suas atividades laborativas.

Nos casos em que a incapacidade for insusceptível de recuperação, ou seja, aquela que implica na impossibilidade do desempenho de toda e qualquer atividade laborativa, o segurado deve ser encaminhado para a aposentadoria por invalidez.

Sendo essa incapacidade intermediária (onde há apenas restrições), a qual não permite o seu retorno para o trabalho ou atividade habitual que desenvolvia na ocasião do seu afastamento, mas sendo capaz de retornar ao tralhado em atividade diversa (readaptação), ou seja, mediante mudança de função e ou atividade.

A readaptação refere-se à situação que envolve o trabalhador que não se encontra clinicamente capaz ou apto para exercitar as tarefas de seu trabalho ou atividade, mas também não é considerado plenamente incapacitado ou inapto, pela perícia médica previdenciária ou médico do trabalho da empresa, passível de afastamento temporário (licença médica) ou aposentadoria por invalidez.

Do ponto de vista etimológico, a palavra *habilitare* vem do latim e significa tornar uma pessoa apta, capacitada, e *re-habilitare* implica restituir uma aptidão anteriormente perdida (MENDES, 2013, p. 268).

Em relação à Previdência Social, temos instituído em nosso ordenamento jurídico, o programa de reabilitação profissional. Por outro lado, embora não haja obrigação legal, algumas empresas acabam realizando a mudança de função e/ou atividade (Readaptação Funcional Interna) de seus empregados, sem passar pelo processo de reabilitação profissional do INSS.

6.1. Reabilitação profissional

A Reabilitação Profissional é um serviço prestado pela Previdência Social, previsto nos arts. 89 a 93 da Lei n. 8.213/1991, que dispõe sobre os Planos de Benefícios da Previdência Social. Seu principal objetivo é a prestação de assistência educativa ou (re)educativa, aos segurados que tiveram sua capacidade laboral reduzida de forma parcial ou total, por motivo de doença ou acidente, e ainda àquelas pessoas portadoras de deficiência, com a finalidade de habilitação ou reabilitação (adaptação ou readaptação profissional), para que possam participar do mercado do trabalho.

Não há exigência de carência do segurado, conforme está estabelecido no art. 26, inciso V, da mesma lei de benefícios, ou seja, o segurado não precisa ter um número de contribuições mínimas para ter direito ao serviço.

O atendimento ao programa é realizado por corpo multiprofissional de servidores (equipes de médicos, assistentes sociais, psicólogos, sociólogos, fisioterapeutas, entre outros profissionais).

É de responsabilidade do INSS, o fornecimento de todos os recursos matérias, bem como os recursos indispensáveis ao desenvolvimento do respectivo programa de reabilitação profissional, incluindo próteses, órteses, instrumentos de trabalho, implementos profissionais, auxílio-transporte e auxílio-alimentação. No final do programa de reabilitação o trabalhador recebe um certificado da Previdência Social com a indicação da atividade para qual foi capacitado profissionalmente. Prioritariamente, o atendimento será realizado ao trabalhador em gozo de auxílio-doença, que continuará recebendo o benefício normalmente durante o processo de reabilitação.

Ainda, conforme definido no item 13.4.1 do Manual de Perícia Médica da Previdência Social (2002 – p. 41) "O encaminhamento do segurado em gozo de auxílio-doença deverá ser o mais precoce possível, de preferência já no exame inicial, quando o mesmo apresentar sequela definitiva e perspectivas imediatas de programa de reabilitação profissional".

A respeito da Reabilitação Profissional, assim destaca o sítio da Previdência Social:

> A Reabilitação Profissional é um serviço do INSS que tem o objetivo de oferecer aos segurados incapacitados para o trabalho, por motivo de doença ou acidente, os meios de reeducação ou readaptação profissional para o seu retorno ao mercado de trabalho.
>
> O atendimento é feito por equipe de médicos, assistentes sociais, psicólogos, sociólogos, fisioterapeutas e outros profissionais.
>
> A reabilitação profissional pode ser prestada também aos dependentes, de acordo com a disponibilidade das unidades de atendimento da Previdência Social.
>
> Depois de concluído o processo de reabilitação profissional, o INSS emitirá certificado indicando a atividade para a qual o trabalhador foi capacitado profissionalmente.
>
> O INSS fornecerá aos segurados recursos materiais necessários à reabilitação profissional, quando indispensáveis ao desenvolvimento do respectivo programa, incluindo próteses, órteses, instrumentos de trabalho, implementos profissionais, auxílio-transporte e auxílio-alimentação.
>
> O trabalhador em gozo de auxílio-doença terá prioridade de atendimento no programa. Não há prazo mínimo de contribuição para que o segurado tenha direito à reabilitação profissional.

Do mesmo modo, o art. 89 da Lei n. 8.213/1991 assim dispõe:

> Art. 89. A habilitação e a reabilitação profissional e social deverão proporcionar ao beneficiário incapacitado parcial ou totalmente para o trabalho, e às pessoas portadoras de deficiência, os

meios para a (re)educação e de (re)adaptação profissional e social indicados para participar do mercado de trabalho e do contexto em que vive.

Parágrafo único. A reabilitação profissional compreende:

a) o fornecimento de aparelho de prótese, órtese e instrumentos de auxílio para locomoção quando a perda ou redução da capacidade funcional puder ser atenuada por seu uso e dos equipamentos necessários à habilitação e reabilitação social e profissional;

b) a reparação ou a substituição dos aparelhos mencionados no inciso anterior, desgastados pelo uso normal ou por ocorrência estranha à vontade do beneficiário;

c) o transporte do acidentado do trabalho, quando necessário.

Já o art. 92 da mesma lei, esclarece que "concluído o processo de habilitação ou reabilitação social e profissional, a Previdência Social emitirá certificado individual, indicando as atividades que poderão ser exercidas pelo beneficiário, nada impedindo que este exerça outra atividade para a qual se capacitar".

Como visto, o programa de Reabilitação Profissional visa desenvolver as capacidades residuais aos segurados incapacitados para o trabalho, por motivo de doença ou acidente, e as pessoas portadoras de deficiência, com vista a habilitá-lo e reintegrá-lo no mercado de trabalho e assim desenvolver atividades que garantam sua subsistência, assim atende simultaneamente, o caráter de natureza profissional, pela recolocação no meio de trabalho, bem como de natureza social, ao devolver a pessoa sua dignidade. Para que isso ocorra, são necessárias quatro etapas, sendo elas: avaliação da capacidade laborativa residual (perdas funcionais e funções que mantiveram conservadas, habilidade, aptidões, escolaridade, faixa etária etc.); a orientação e acompanhamento da programação profissional (escolha consciente e esclarecida da dos requisitos necessário e atividade que ira aprender e futuramente desenvolver); a preparação profissional e articulação com a comunidade para viabilizar o reingresso no mercado de trabalho (utilização dos recursos disponíveis na comunidade, como cursos, estágios, estudo e levantamento das oportunidades oferecidas pelo mercado de trabalho na localidade onde reside o segurado); e o acompanhamento e a pesquisa dos trabalhadores reabilitados no mercado (ajuste do reabilitado ao trabalho e garantia da efetivação do processo de reabilitação, bem como o gerenciamento do sistema de dados).

Quando ocorrer a reabilitação profissional de empregado, a empresa deverá mantê-lo na função para qual foi capacitado, compatível com a sua condição física, devendo ainda, manter todas as vantagens que detinha na função anterior a incapacidade, uma vez que, conforme art. 7º, inciso IV, da CF, é inadmitida a redutibilidade salarial. A partir da reabilitação profissional, momento em que o segurado estiver capacitado profissionalmente para o exercício de outro trabalho, cessará o benefício previdenciário de auxílio-doença, findará a suspensão do contrato de trabalho e ocorrendo a reativando do pacto laboral.

Insta esclarecer, que as empresas com mais de 100 empregados são obrigadas a submeter-se a uma exigência legal, que é cumprimento da quota funcionários portadores de deficiência e reabilitados, conforme preconiza o art. 93 da Lei n. 8.213/91:

Art. 93. A empresa com 100 (cem) ou mais empregados está obrigada a preencher de 2% (dois por cento) a 5% (cinco por cento) dos seus cargos com beneficiários reabilitados ou pessoas portadoras de deficiência, habilitadas, na seguinte proporção:

I – até 200 empregados 2%;

II – de 201 a 500 .... 3%;

III – de 501 a 1.000 .... 4%;

IV – de 1.001 em diante .... 5%.

Com a reabilitação profissional e retorno do segurado a empresa, ativando o vínculo laboral, pode ocorrer casos em que o trabalhador exercerá funções mais simples, onde o salário-base do cargo é menor, porém como garantia constitucional, os seus rendimentos não poderão ser reduzidos e o salário será mantido, o que poderá ocasionar reclamações trabalhistas com pedidos de equiparação salarial pelos demais empregados que já exerciam a mesma função.

Nesse caso, importante ressaltar, que conforme art. 461, §4º da CLT, o empregado reabilitado pela Previdência Social não serve de paradigma para fins de equiparação salarial, o que garante uma segurança jurídica ao empregador, ao readaptar o empregado por meio do processo de reabilitação pelo órgão competente, nesse caso o INSS, senão vejamos:

[...]

§ 4º O trabalhador readaptado em nova função por motivo de deficiência física ou mental atestada pelo órgão competente da Previdência Social não servirá de paradigma para fins de equiparação salarial.

De forma oposta, a mesma garantia não ocorre quando o empregador na mesma situação, "readapta" o empregado através da Readaptação Funcional Interna, sem passar por processo oficial do INSS.

Com a reabilitação profissional, se espera que a pessoa recupere a aptidão laboral perdida, por motivo de doença ou acidente, preparando-a para exercer as atividades que melhor se adequar em decorrência de incapacidade física adquirida ou deficiência, e assim, poder integrar-se ao mercado de trabalho e ter uma vida social ativa.

Como se sabe, o trabalhador em gozo de auxílio-doença, acidentário ou previdenciário, terá prioridade de atendimento no programa, conforme estabelecido no item 3 "Clientela", alínea *"a"* do *Manual Técnico de Procedimentos da Área de Reabilitação Profissional* (2016, p. 75).

Exemplificando, quando o empregado se afasta de suas atividades laborativas por até 15 dias, cabe ao empregador o pagamento do salário durante esse período. Se o afastamento persistir, o empregado é encaminhado para avaliação da perícia médica da Previdência Social. Constatada a incapacidade para o trabalho ou atividade laboral habitual, por motivo de doença ou acidente, o trabalhador permanecerá afastado, pelo período necessário à sua recuperação, recebendo benefício às expensas da Previdência Social. Não constatada a incapacidade laborativa ou essa sendo recuperada após período de afastamento, deverá o trabalhador retornar a empresa de vínculo e consequentemente ao trabalho.

Na avaliação do médico perito da Previdência Social, ocorrendo desse profissional constatar que o trabalhador esteja incapacitado e impossibilitado para toda e qualquer atividade (incapacidade omniprofissional), deverá o mesmo ser aposentado por invalidez. Pode ocorrer ainda, do perito médico previdenciário, entender que o trabalhador tem capacidade laborativa, mas essa foi reduzida, havendo restrições, ou seja, é insusceptível de recuperação, não permitindo mais o exercício do trabalho ou atividade habitual, deverá encaminhá-lo para a reabilitação profissional do INSS.

Assim, Rene Mendes (2013, p. 269) ensina que:

> Quando a incapacidade laboral é omniprofissional, ou seja, é uma incapacidade que implica na impossibilidade total para qualquer atividade, o segurado é encaminhado para aposentadoria. Uma situação particularmente importante é a da incapacidade intermediária, isto é, quando existe uma capacidade laboral, porém com restrições. Se, em um determinado exame médico-pericial, o médico percebe que a patologia não permitirá o retorno do segurado à sua atividade habitual, mas que poderia ocorrer o retorno ao trabalho em atividade diversa, dentro ou fora da empresa, ele proporá o encaminhamento do segurado à reabilitação profissional do INSS para avaliação dê sua capacidade laborativa residual, com propósito de capacitá-lo para o exercício de outras atividades profissionais.

O benefício de auxílio-doença será mantido enquanto o segurado continuar incapaz para o trabalho ou atividade habitual, podendo o INSS indicar processo de reabilitação profissional quando julgar necessário, ou seja, quando o segurado estiver insusceptível de recuperação para sua atividade habitual.

O art. 62 da Lei n. 8.213/91 estabelece que o segurado em gozo de auxílio-doença, insusceptível de recuperação para sua atividade habitual, deverá submeter-se a processo de reabilitação profissional para o exercício de outra atividade. Estabelece ainda, que não cessará o benefício de auxílio-doença até que o segurado seja dado como habilitado para o desempenho de nova atividade que lhe garanta a subsistência ou, quando considerado não recuperável, for aposentado por invalidez.

Dessa forma, Castro e Lazzari (2014, p. 786), esclarece:

> O auxílio-doença será mantido enquanto o segurado continuar incapaz para o trabalho, podendo o INSS indicar processo de reabilitação profissional, quando julgar necessário.
>
> Não cessará o benefício do segurado até que este seja dado como habilitado para o desempenho de nova atividade que lhe garanta a subsistência ou, quando considerado não recuperável, for aposentado por invalidez.

Para ter direito ao auxílio-doença, a incapacidade do segurado, como é sabido, deve ser total e temporária, persistindo enquanto o trabalhador estiver impossibilitado de executar o seu trabalho ou atividade habitual.

Assim, pela simples leitura dos dispositivos legais, uma vez que o segurado esteja recebendo o benefício de auxílio-doença, estando ele, insusceptível de recuperação da sua capacidade laborativa para desenvolver novamente sua atividade habitual, é função única e exclusiva da Previdência Social, cumprir suas responsabilidades institucionais, e submetê-lo a processo de reabilitação profissional para capacitá-lo ao exercício de outra atividade.

6.2. Readaptação funcional interna

A lei incumbe ao empregador de zelar pela saúde e integridade física dos seus empregados (CLT, NR-7 e NR-9, entre outras), obrigando-a manter programas específicos de promoção da saúde e prevenção de riscos, atuando de forma preventiva, rastreando e diagnosticando precocemente os possíveis agravos à saúde relacionados ao trabalho, inclusive de natureza subclínica, além da constatação da existência de casos de doenças profissionais ou danos irreversíveis à saúde dos trabalhadores.

Cabe ao médico do trabalho conhecer a profissiografia (o que faz, como faz, quando faz, onde faz – ambiente laboral, com que frequência, intensidade e velocidade faz) e intermediar na relação entre a exigência de uma atividade profissional e o impacto do dia a dia na saúde dos trabalhadores, uma vez que, no caso de inadequação do empregado à determinada atividade laborativa, pode ocorrer o agravamento, surgimento de alguma doença, ou até mesmo aumentar o risco de acidentes do trabalho.

Como já visto, a readaptação ocorre quando o trabalhador que não se encontra clinicamente capaz ou apto para exercitar as tarefas de seu trabalho ou atividade, mas também não é considerado plenamente incapacitado ou inapto, pela perícia médica previdenciária ou médico do trabalho da empresa, passível de afastamento temporário (licença médica) ou aposentadoria por invalidez.

Ocorre a chamada Readaptação Funcional Interna, quando mediante avaliação do médico do trabalho da empresa, for constatado em exame de rotina, periódico, demissional e principalmente o de retorno ao trabalho, que há uma incapacidade total e permanente para o trabalho ou atividade habitual, por motivo de doença, acidente ou alguma restrição física ou mental, que torne imprescindível uma mudança na atividade exercida ou de local de trabalho.

O processo de Readaptação Funcional Interna tem o objetivo, destinado a permitir que a pessoa com incapacidade adquirida, alcance os níveis físicos e mentais funcionais que possibilitem o seu retorno ao trabalho em função compatível com suas limitações.

Não obstante o empregador seja responsável em manter a saúde e integridade física de seus empregados, não há exigência legal que o obrigue a realizar a Readaptação Funcional Interna, embora possa utilizá-la como forma de prevenção para não colocar em risco a saúde do trabalhador, ao deixá-lo exercer a mesma atividade, a qual se incapacitou ou ainda continue incapacitado, mesmo após retorno de afastamento previdenciário, pois como visto, legalmente cabe a Previdência Social realizar o processo de "readaptação" por meio da Reabilitação Profissional, quando a incapacidade laboral for insuscetível de recuperação.

Ocorrendo a Readaptação Funcional Interna, o empregador diretamente acaba sendo prejudicado, principalmente por dois fatores:

Primeiro, por não ter a garantia jurídica da proteção sobre o pedido de equiparação salarial, uma vez que os demais empregados podem ingressar com reclamação trabalhista na justiça do trabalho, caso o empregado readaptado internamente em nova função, tenha salário superior aos demais, exercendo a mesma atividade, conforme disposto no *caput* do art. 461 da CLT, a seguir:

Sendo idêntica a função, a todo trabalho de igual valor, prestado ao mesmo empregador, na mesma localidade, corresponderá igual salário, sem distinção de sexo, nacionalidade ou idade, entre pessoas cuja diferença de tempo de serviço não for superior a 2 anos.

Garantia essa que dar-se-á quando ocorrer o processo de reabilitação profissional pela Previdência Social, com respaldo no § 4º do mesmo artigo, assegurando que o trabalhador readaptado em nova função pela Previdência Social não servirá de paradigma para fins de equiparação salarial.

Segundo, por essa readaptação interna não entrar na cota de reabilitados exigida à empresa. Como é sabido, as empresas com mais de 100 empregados são legalmente obrigadas a cumprirem o art. 93 da Lei n. 9.213/1991, que impõe de forma proporcional, o preenchimento dos seus cargos com pessoas reabilitadas ou com deficiência. Nesse caso, uma vez que a readaptação ocorreu internamente, sem o trabalhador passar por programa de reabilitação profissional da Previdência Social, não entrará para a cota exigida, pois empregado reabilitado é aquele que, por conta de acidente do trabalho ou doença adquirida no exercício do trabalho, após afastamento com recebimento de benefício previdenciário, passou por processo de reabilitação promovido pelo INSS, a fim de ser reinserido no mercado de trabalho.

Como visto, a Readaptação Funcional Interna procura tornar o indivíduo apto a retornar às atividades profissionais, proporcionando meios de adaptação à função ou atividade compatível com suas limitações, de acordo com avaliação do médico do trabalho da empresa e intermédio do Serviço Especializado em Engenharia de Segurança e Medicina do Trabalho — SESMT.

Por todo exposto, é possível conceituar Readaptação Funcional Interna com sendo à possibilidade do empregador reintegrar o empregado em função diversa daquela exercida antes da suspensão contratual (afastamento previdenciário) ou do conhecimento da incapacidade, de forma a acatar a manifestação do médico do trabalho da empresa, e, ao mesmo tempo, não agravar o estado de saúde do trabalhador, o que se apresenta como a solução mais fácil, prática e benéfica para o empregado, porém possa ocasionar prejuízos ao empregador.

Capítulo 7

Limbo Trabalhista-Previdenciário

Com as premissas fixadas nos tópicos anteriores, pode-se, então, de maneira mais aprofundada, abordar a celeuma jurídica a respeito do limbo trabalhista-previdenciário.

Como ponto de partida para tal discussão, sugere-se a análise inicial do afastamento previdenciário. Explica-se:

Uma vez instalada a incapacidade para o trabalho ou para sua atividade habitual, por motivo de doença ou acidente, o segurado poderá requerer junto ao INSS a concessão de benefício de auxílio-doença, desde que cumpridos os requisitos da Lei previdenciária.

O principal requisito para a concessão do benefício de auxílio-doença é a constatação da incapacidade para o trabalho ou atividade habitual, cabendo a avaliação pericial realizada por médico perito oficial.

Porém, é comum a ocorrência de divergências na avaliação da capacidade laborativa realizada entre o médico perito previdenciário e a avaliação clínica do médico da empresa.

Nestas situações pode-se ocorrer o citado limbo trabalhista-previdenciário, consubstanciado na seguinte situação:

Cessado o benefício previdenciário por meio da alta médica administrativa decretada pelo INSS, ou após o segurado ter sido considerado capacitado para realização de sua atividade habitual, pelo médico perito do INSS.

Nesse contexto, se afastado por mais de trinta dias, o segurado deverá passar por exame médico de retorno ao trabalho, realizado por médico do trabalho indicado pela empresa.

Contudo, pode ser que ocorra que o médico do trabalho ateste a inaptidão laboral do empregado, por entender que ele não reúne condições de saúde para retornar nas atividades habituais.

Assim, o empregado é considerado capacitado pelo INSS, que não fará o pagamento do benefício previdenciário e, ao mesmo tempo, não consegue retornar para a empresa, por ter sido considerado inapto ao trabalho e, portanto, não receberá salário.

Para a melhor conceituação do assunto, pede-se a devida *venia* para transcrever trecho do parecer emitido pela Associação Paulista de Medicina do Trabalho, que esclarece:

> Quando ocorre a divergência entre a posição da perícia do órgão segurador e a do Médico do Trabalho da empresa, o trabalhador passa a transitar em terreno incerto, pois não retorna ao labor e permanece sem a segurança do aporte financeiro do INSS. É o que se convencionou denominar informalmente de "limbo", termo comumente utilizado nas discussões de bastidores entre Médicos do Trabalho em referência à situação descrita.

Ainda, no campo conceitual, sobre a ocorrência com frequência do "Limbo Jurídico Previdenciário-Trabalhista" Marcos Henrique Mendanha (2015, p. 26), refere:

> Ocorre que muitas vezes (muitas mesmo!) o INSS qualifica o segurado como "capaz" enquanto o Médico do Trabalho/"Médico Examinador" o julga como "inapto". Conquanto estejamos tratando de legislações diferentes (previdenciária – Lei n. 11.907/2009, e trabalhista – NR-7), por terem repercussões fáticas interligadas (consubstanciadas no chamado "limbo trabalhista-previdenciário".

Além da situação narrada acima, ocorre, também, do Órgão Previdenciário, atestar que o segurado não está incapacitado para o exercício da atividade laboral. Afirmar que é de responsabilidade do empregador readequar o trabalhador em atividade compatível com suas limitações, mudando o mesmo de função que não prejudique sua saúde.

Nestes casos, a empresa pode aceitar a indicação ou declarar que o empregado não apresenta condições de saúde para retornar ao trabalho, assim mantê-lo afastado e reencaminhá-lo para o INSS.

7.1. Incapaz para o trabalho é igual a inapto para o trabalho?

Ao médico perito do INSS cabe avaliar a capacidade ou incapacidade laborativa do segurado para fins previdenciários e possível concessão de benefício, ao médico do trabalho da empresa, cabe à avaliação da aptidão ou inaptidão do empregado, com o intuito de preservação da saúde e integridade física do trabalhador.

O art. 59 da Lei n. 8.213/1991 dispõe que: o auxílio-doença será devido ao segurado que, havendo cumprido, quando for o caso, o período de carência exigido nesta Lei, ficar incapacitado para o seu trabalho ou para a sua atividade habitual por mais de 15 (quinze) dias consecutivos. Com a leitura do presente artigo, observa-se, que cabe ao INSS avaliar se o segurado está "incapacitado", ou seja, está capaz ou incapaz para o trabalho ou atividade habitual.

Por outro lado, a alínea *"e"* do item 7.4.4.3 da NR-7, dispõe que:

> O ASO deverá conter no mínimo:
>
> [...]
>
> e) definição de apto ou inapto para a função específica que o trabalhador vai exercer, exerce ou exerceu.

Dessa forma, é possível observar que ao médico do trabalho, cabe a avaliação da aptidão ou inaptidão do trabalhador, para a função que vai exercer, exerce ou exerceu.

Como visto, a perícia médica previdenciária avalia se o segurado está capaz para o seu labor habitual, já no exame médico de retorno ao trabalho, o médico do trabalho avalia se o trabalhador está apto para realizar suas atividades habituais.

Marcos Henrique Mendanha (2015, p. 41), não concorda com essa diferenciação, e afirma em sua opinião que "Incapaz ao trabalho" equivale a "Inapto ao trabalho", porém registra que:

> Sabemos que muitos médicos não pensam assim, opiniões que respeitamos. Essa divergência é compreensível; o Médico Perito do INSS está sujeito às legislações

previdenciárias (Lei n. 8.213/1991 e outras) enquanto o Médico do Trabalho/"Médico Examinador" está sujeito às legislações trabalhistas (CLT, NR-7 e outras). As legislações previdenciárias e trabalhistas podem, em alguns temas, não estar em sintonia. Essa falta de uniformidade das normas e um terreno fértil para toda sorte de interpretações e inúmeros conflitos, o que é lamentável, especialmente pelo fato de ser o trabalhador o maior prejudicado por esses desentendimentos.

Para embasar a discussão proposta, novamente, traz-se o conceito de aptidão definido no parecer da Associação Paulista de Medicina (APMT, 2012):

> O conceito de aptidão é mais amplo e engloba a capacidade. Na Medicina do Trabalho, mesmo que um trabalhador seja capaz de desempenhar determinada atividade laborativa, isso não é suficiente para considerá-lo apto para realizar determinada atividade laborativa ou assumir determinada função. Todo aquele que é apto a uma determinada função é capaz, mas nem todo aquele que é capaz de desempenhar uma função pode ser considerado apto.

O sentido da atuação do Médico do Trabalho da empresa reside exatamente em avaliar a aptidão. É o único que pode fazê-lo criteriosamente, pois é aquele que conhece efetivamente o ambiente de trabalho e todas as atividades desempenhadas por cada profissional da empresa.

Não basta identificar se um trabalhador é capaz de desempenhar determinada função. O fundamental para a preservação da saúde do trabalhador é avaliar se, mesmo capaz, o desempenho de determinada função pode gerar ou agravar doenças no trabalhador. A função do Médico do Trabalho, dentre outras coisas, é avaliar a APTIDÃO.

No campo prático, pode-se traduzir os conceitos teóricos da seguinte forma:

Se um determinado empregado trabalha em um setor de armazém de sacaria e precisa ter a capacidade de carregar e armazenar sacas de 50 kg. Após algum período trabalhando nessa função, se afasta de suas atividades laborais por estar acometido de hérnia discal e, após passar por perícia médica do INSS, onde foi constatada a incapacidade laboral, sendo concedido o benefício de auxílio-doença.

Passado 03 (três) meses do início do afastamento, antes da cessação do benefício, o segurado solicita a prorrogação do benefício, passando por nova perícia médica do INSS. Nessa ocasião o perito, ao avaliar a capacidade, por não conhecer a profissiografia do trabalho, entende que o segurado tem capacidade para retornar a suas atividades laborais, pois tem capacidade para pegar peso.

Ao passar pelo médico do trabalho, no exame de retorno ao trabalho, é feita uma avaliação minuciosa da capacidade laboral, relacionando o que ele faz, como faz, quando faz, onde faz, com frequência, intensidade e velocidade faz, ou seja, como é o ambiente e quais as condições de trabalho (como é desenvolvida a atividade de carregador de sacas, quantas sacas carrega por dia, hora, minuto etc. se há condição ergonômica, se há rodizio de atividade, se há pausas, entre outras).

Assim, o médico o considera inapto, pois retorná-lo ao exercício das atividades habituais, pode agravar e colocar em risco o seu estado de saúde.

Nesse caso, o trabalhador pode ter capacidade para carregar peso, porém não pode realizar determinada atividade, pois essa colocaria em risco a sua integridade física, ou seja, não está apto (inapto) para o exercício desta função.

Como visto a avaliação da aptidão/inaptidão é muito mais ampla do que a apenas a avaliação da capacidade (capaz/incapaz).

Não seria ousado dizer que, para a avaliação destes conceitos e concessão de atestado de aptidão funcional, o médico do trabalho é o mais indicado para fazê-lo criteriosamente, pois é aquele que conhece efetivamente o ambiente de trabalho e todas as atividades desempenhadas.

Porém, esse encargo também cabe ao médico perito do INSS, pois conforme art. 2º, inciso II, da Lei n. 10.876/2004, compete ao Perito-Médico da Previdência Social, a inspeção nos ambientes de trabalho dos segurados para fins previdenciários.

7.2. Ordem preferencial para avaliação da capacidade. Qual decisão deve prevalecer a do médico perito ou do médico do trabalho?

Nos termos do art. 60, §§ 3º e 4º, da Lei n. 8.213/1991, é de responsabilidade do empregador, o pagamento do salário integral de seus empregados, afastados por motivo de doença, pelos primeiros 15 dias, cabendo a empresa que dispuser de serviço médico (próprio ou conveniado) a realização do exame médico e o abono das faltas correspondentes a esse período, devendo encaminhar o segurado à perícia médica do INSS quando a incapacidade ultrapassar 15 (quinze) dias.

De outro lado, a NR-7 estabelece como obrigação as empresas, a elaboração e implementação do Programa de Controle Médico de Saúde Ocupacional (PCMSO), cabendo ao médico coordenador (médico do Trabalho) contratado pelo empregador a execução do programa, visando à promoção e preservação da saúde dos seus trabalhadores, realizando avaliação da capacidade laborativa, em conformidade com a norma, nos exames médicos de admissão, periódico, de mudança de função, de retorno ao trabalho (após afastamento superior a 30 dias) e demissional, bem como o afastamento do trabalhador em razão de doença que atividade ou as condições em que são realizadas, possam agravá-las.

Especificamente o Item 7.4.4.3, alínea "e", da NR-7, define como prerrogativa do Médico do Trabalho a aptidão/inaptidão para o trabalho.

Por sua vez, a alínea "b", do item 7.4.8 da NR-7, esclarece, que sendo constatada a ocorrência ou agravamento de doenças profissionais, através de exames médicos, caberá ao médico-coordenador ou encarregado, se necessário, indicar o afastamento do trabalhador da exposição ao risco, ou do trabalho.

A Súmula n. 15 do TST, tem a seguinte redação: "A justificação da ausência do empregado motivada por doença, para a percepção do salário-enfermidade e da remuneração do repouso semanal, deve observar a ordem preferencial dos atestados médicos estabelecida em lei".

Desse modo, o art. 6º, § 2º, da Lei n. 605/1949, que dispõe sobre o "repouso remunerado e o pagamento de salário nos dias feriados civis e religiosos", esclarece:

> A doença será **comprovada mediante atestado médico da instituição de Previdência Social** a que estiver filiado o empregado, e, na falta deste e sucessivamente, de médico do Serviço Social do Comércio ou da Indústria; de médico da empresa ou por ela designado; de médico a serviço de repartição federal, estadual ou municipal, incumbido de assuntos de higiene ou de saúde pública; ou, não existindo estes, na localidade em que trabalhar, de médico de sua escolha. (grifo nosso)

Pela simples leitura da Lei, constituem motivos justificados para o não comparecimento do empregado ao serviço, por motivo de doença, e consequentemente não ocasionar o respectivo desconto em seu salário, os atestados médicos devem respeitar a seguinte ordem preferencial: 1) Previdência Social; 2) médico do SESC ou SESI; 3) médico da empresa (ou por ela designado); 4) médico a serviço de repartição federal, estadual ou municipal, incumbido de assuntos de higiene ou de saúde, e por fim, inexistindo na localidade médicos nas condições enumeradas, atestado fornecido por médico da localidade ou de livre escolha do próprio trabalhador.

Dessa forma, é possível afirmar que preferencialmente, os atestados emitidos pela Previdência Social devem prevalecer em relação aos demais.

Por sua vez, também cabe a Previdência Social, através do médico-perito do INSS a avaliação da incapacidade do segurado, por meio da emissão de parecer conclusivo quanto à capacidade laboral para fins previdenciários, assim estabelecido no art. 30, § 3º, inciso I, da Lei n. 11.907/2009.

Como visto, temos duas normas conflitantes, porém a Lei Federal Ordinária n. 11.907/2009, deve prevalecer sobre a NR-7, portaria do Ministério do trabalho e emprego.

A respeito, Marcos Henrique Mendanha (2015, p. 26), leciona sobre a hierarquização das leis:

> Ocorre que muitas vezes (muitas mesmo!) o INSS qualifica o segurado como "capaz" enquanto o Médico do Trabalho/"Médico Examinador" o julga como "inapto". Conquanto estejamos tratando de legislações diferentes (previdenciária – Lei n. 11.907/2009, e trabalhista – NR-7), por terem repercussões fáticas interligadas (consubstanciadas no chamado "limbo trabalhista-previdenciário", entendemos que verifica-se entre essas normas o que no estudo do Direito recebe o nome de antinomia, ou seja, a presença de duas normas conflitantes, gerando duvidas sobre qual delas deverá ser aplicada no exemplo dado. No caso em tela, a Lei n. 11.907/2009 goza de uma posição hierárquica privilegiada em nosso ordenamento jurídico, uma vez que se classifica como lei federal ordinária, enquanto a NR-7 foi editada por força de uma portaria (Portaria do MTE n. 24/1994). Como hierarquicamente as leis ordinárias prevalecem sobre as portarias, juridicamente deve prevalecer a Lei n. 11.907/2009.

Ainda, Marcos Henrique Mendanha (2015, p. 27), esclarece que:

> Essa lei deixa clara a hierarquia existente entre os atestados médicos para fins de abonos de falta ao trabalho (o que também entendemos como "hierarquia das decisões médicas" e não apenas dos atestados médicos), na qual o atestado de médico da instituição previdência social prevalece sobre o atestado do médico da empresa ou por ela designado (Médico do Trabalho/"Médico Examinador"). Isso equivale dizer que a decisão proferida pelo médico da instituição da previdência social prevalece sobre a decisão proferida pelo médico da empresa. Mais uma vez enfatizamos que nossa interpretação é sobre a literalidade da Lei n. 605/1949, art. 6º, § 2º.

Acredita-se que não há conflitos de normas, existindo apenas obrigações distintas, com o mesmo fim, pois o quadro clínico apresentado pelo segurado/trabalhador é único, ou seja, avaliação da sua capacidade laborativa, onde ao médico perito do INSS, compete a avaliação da capacidade laboral do segurado junto à Previdência Social e ao médico do trabalho, cabe a avaliação da capacidade laborativa, nos 15 (quinze) primeiros dias de afastamento do trabalho, sempre que necessário, na realização dos exames médicos (admissional, periódico, retorno ao trabalho, mudança de função e demissional) ou ainda, quando for constatada a ocorrência ou agravamento de doenças profissionais, conforme exigência normativa.

Corrobora com esse raciocínio, o Parecer n. 2/13, emitido pelo Conselho Federal de Medicina, que contextualiza as obrigações do médico perito da Previdência Social e médico do Trabalho, esclarecendo a quem cabe realmente avaliar a incapacidade de um trabalhador, esclarece:

> Ao perito médico da Previdência Social cabe avaliar se há incapacidade laboral no segurado junto à Previdência Social, nos termos da Lei Federal n. 10.786/04, que dispõe sobre a carreira do perito médico do INSS, bem como suas atribuições.
>
> Ao médico do Trabalho coordenador do PCMSO cabe avaliar a capacidade laboral e providenciar os encaminhamentos devidos, avaliar o empregado quando o mesmo retorna ao trabalho após afastamento igual ou superior a trinta dias, bem como providenciar, e acompanhar a readaptação profissional do trabalhador em nova função, junto a seu empregador.

Por outro lado, devido ao irrestrito conhecimento do médico do trabalho, sobre a atividade, ambiente e condições de trabalho que o trabalhador, segurado da Previdência Social está exposto, cabe a ele a avaliação da capacidade laborativa (aptidão/Inaptidão), e em caso de inaptidão, encaminhar o trabalhador para perícia médica previdenciária.

Embora, legalmente, seja de responsabilidade do perito do INSS a avaliação da capacidade laborativa do segurado, o perito deve considerar em sua avaliação, a inaptidão atestada pelo médico da empresa, desde que acompanhado de relatório médico fundamentado, pois com visto, é esse que detém o conhecimento sobre a profissiografia, e melhor pode atestar a capacidade laborativa, avaliando de forma criteriosa, a doença e situação do trabalho/atividade, visando a preservação da saúde e integridade física do empregado/segurado.

Nesse sentido, o artigo escrito pela advogada, professora da FAAT, desembargadora aposentada do TRT da 15ª Região, mestre em direito do trabalho pela USP, Dra. Iara Alves Cordeiro Pacheco, esclarece:

> O fato de caber ao INSS a última palavra sobre a incapacidade laboral ou não do trabalhador, não resolve a questão por inteiro, haja vista que, **muitas vezes, a alta concedida não reflete exatamente as condições de saúde do trabalhador, gerando os percalços que vimos referindo**.
>
> Mormente porque **a Autarquia não tem feito uma análise da atividade do empregado**, se ele realmente não estiver em condições de realizar o seu trabalho, a própria empresa teme que algo pior possa acontecer e venha a ser responsabilizada pelo evento.
>
> [...]

Também o médico do trabalho Nelson Chaves, que vem assessorando empresas no processo de readaptação, **afirma que o perito do INSS nem sempre sabe exatamente qual a atividade exercida pelo profissional ao conceder a alta, cabendo ao médico da empresa ressaltar no recurso as condições de trabalho e porque não estaria apto a retornar**. (grifo nosso)

Como visto, é quase senso comum, que legalmente o médico-perito do INSS deveria conhecer o ambiente e as condições de trabalho do segurado, mas essa não é a realidade, pois, dificilmente o médico-perito realiza vistorias no ambiente de trabalho, acabando por prejudicar na maioria das vezes, a sua avaliação da capacidade laborativa, por fazê-la apenas por percepção e com base em critérios próprios do INSS, sem o conhecimento necessário e condigno.

Cabe dizer que, além de o médico do trabalho, o perito médico do INSS também deve dominar o conhecimento relacionado às exigências psicofísicas a que está submetido o profissional, visto que, legalmente, é quem também faz vistorias técnicas em ambientes laborais para verificar eventuais inadequações. (MENDES, 2013, p 263)

Novamente citamos trecho do parecer emitido pela Associação Paulista de Medicina do Trabalho (APMT, 2012), que corrobora com esse raciocínio:

> O profissional médico do órgão segurador (Previdência Social), obediente aos regramentos do órgão estatal, que avalia, dentre outras coisas, questões referentes à capacidade laborativa do trabalhador e **relação causa-efeito entre doença e labor com critérios próprios do órgão segurador** (NTEP, por exemplo) e **para fins previdenciários**, **não sendo praxe da perícia do INSS a realização de vistoria em ambiente de trabalho** tanto para avaliação de capacidade laborativa quanto para estabelecimento de nexo causal entre doença e labor. (grifo nosso)

Não obstante, exista a hierarquia legal da manifestação da instituição previdenciária, a circunstância do INSS determinar a alta do segurado, não justifica o seu retorno ao trabalho, desde que este ainda esteja incapacitado/inapto para o seu trabalho ou atividade habitual, após avaliação do médico da empresa, objetivando a proteção do trabalhador e da própria empresa, uma vez, que é obrigação do INSS manter o segurado afastado em gozo de auxílio-doença, enquanto ele permanecer incapacitado/incapaz para o seu trabalho ou para a sua atividade habitual por mais de 15 (quinze) dias consecutivos.

7.3. Responsabilidades do empregador e do INSS

Como visto, tanto ao perito-médico do INSS como ao médico do trabalho da empresa, o que deve ser levando em consideração para avaliação da capacidade laborativa, é o quadro clínico apresentado pelo segurado/trabalhador na ocasião do seu afastamento, bem como, a atividade habitual desenvolvida, o ambiente e condições de trabalho (exigências psicofísicas) que o segurado/trabalhador está submetido.

Por se tratar de assunto atual e polêmico, vamos evidenciar o nosso posicionamento, respeitando, obviamente os que entendem de forma contrária. Procurando refletir relativamente, aos limites dessa responsabilidade, diante de posturas do órgão previdenciário e empresa empregadora.

Pois bem, o art. 59 da Lei n. 8.213/1991 o auxílio-doença será devido:

> Art. 59. O auxílio-doença será devido ao segurado que, havendo cumprido, quando for o caso, o período de carência exigido nesta Lei, **ficar incapacitado para o seu trabalho ou para a sua atividade habitual** por mais de 15 (quinze) dias consecutivos. (grifo nosso)

Cite-se, ainda, o art. 60 da Lei n. 8.213/1991, estabelece que o benefício de auxílio-doença é devido ao segurado empregado, a contar do décimo sexto dia do afastamento da atividade, e, no caso dos demais segurados, a contar da data do início da incapacidade, no tempo em que ele **permanecer incapaz**. (grifo nosso)

Pela simples leitura dos referidos artigos, fica claro que o benefício do auxílio-doença é encargo do INSS, a partir do décimo sexto dia de afastamento da atividade, do segurado empregado, no tempo em que ele permanecer incapaz para o seu trabalho ou para a sua atividade habitual.

O trabalho ou atividade habitual a ser levado em consideração na hora da avaliação da capacidade laborativa, é o que o segurado realizava na ocasião do seu afastamento.

Como sabido, a incapacidade laboral para fins previdenciários, ocorre quando o segurado, por motivo de doença ou acidente, ficar impossibilitado temporariamente ou definitivamente, de desempenhar o seu trabalho ou atividade habitual e em exercício na ocasião de seu afastamento.

A incapacidade não se resume em estar doente, compreendendo um juízo complexo, em que na avaliação pericial, o médico perito deve avaliar além da enfermidade (doença ou lesão), condição física/mental, deve conhecer as exigências do trabalho e atividade habitual do segurado *"modus operandi"*, e obrigatoriamente verificar a concreta possibilidade de o segurado conseguir realizar, ou seja, ter a capacidade para realizá-las. Após sua avaliação, caso a doença ou lesão o incapacite, deverá emitir parecer afastando o segurado do trabalho ou atividade habitual, até a sua recuperação, reabilitação ou aposentadoria.

O direito ao recebimento do benefício de auxílio-doença cessa com a recuperação da capacidade laborativa do segurado para o trabalho ou atividade habitual.

Segundo Hugo Goes (2016, p. 279) "o auxílio-doença cessa pela recuperação da capacidade para o trabalho".

Do mesmo modo, Castro e Lazzari (2014, p. 793) esclarece:

> O auxílio-doença cessa pela recuperação da capacidade para o trabalho, pela transformação em aposentadoria por invalidez ou auxílio-acidente de qualquer natureza, neste caso se resultar sequela que implique redução da capacidade para o trabalho que habitualmente exerça.

Logo, a obrigação da manutenção do benefício previdenciário, recai sobre o INSS enquanto o segurado não recuperar totalmente a sua capacidade laborativa, ou seja, permaneça incapaz de realizar o seu trabalho ou atividade habitual.

Pode ocorrer ainda, do perito médico previdenciário, entender que o trabalhador tem capacidade laborativa, mas que essa foi reduzida, havendo apenas restrições para realizar determinado trabalho ou atividade, ou seja, é insusceptível de recuperação, não permitindo mais o exercício do trabalho ou atividade habitual, mas pode exercer outra atividade, de acordo com suas limitações "restrições", devendo encaminhá-lo para a reabilitação profissional do INSS.

Rene Mendes (2013, p.269) esclarece:

> Uma situação particularmente importante é a da incapacidade intermediária, isto é, quando existe uma capacidade laboral, porém com restrições. Se, em um determinado exame médico-pericial, o médico percebe que a patologia não permitirá o retorno do segurado à sua atividade habitual, mas que poderia ocorrer o retorno ao trabalho em atividade diversa, dentro ou fora da empresa, ele proporá o encaminhamento do segurado à reabilitação profissional do INSS para avaliação de sua capacidade laborativa residual, com propósito de capacitá-lo para o exercício de outras atividades profissionais.

O art. 62 da Lei n. 8.213/1991, garante ao segurado em gozo de auxílio-doença, insusceptível de recuperação para atividade habitual, o processo de reabilitação profissional, bem como a garantia à manutenção ao benefício previdenciário, até que esteja habilitado para nova função, senão vejamos:

> Art. 62 **O segurado em gozo de auxílio-doença, insusceptível de recuperação para sua atividade habitua**l, deverá submeter-se a processo de reabilitação profissional para o exercício de outra atividade. Não cessará o benefício até que seja dado como habilitado para o desempenho de nova atividade que lhe garanta a subsistência ou, quando considerado não recuperável, for aposentado por invalidez. (grifo nosso)

Ensinam Castro e Lazzari (2014, p. 786), ao referir sobre a manutenção do auxílio--doença durante o processo de Reabilitação Profissional:

> O auxílio-doença será mantido enquanto o segurado continuar incapaz para o trabalho, podendo o INSS indicar processo de reabilitação profissional, quando julgar necessário.
>
> Não cessará o benefício do segurado até que este seja dado como habilitado para o desempenho de nova atividade que lhe garanta a subsistência ou, quando considerado não recuperável, for aposentado por invalidez.

O segurado em gozo do auxílio-doença tem prioridade de atendimento no programa de Reabilitação Profissional, conforme estabelecido no item 3 "Clientela", alínea *"a"*, do *Manual Técnico de Procedimentos da Área de Reabilitação Profissional* (2016, p. 75).

Pelo exposto, é possível observar, caso o segurado esteja recebendo o benefício de auxilio doença, não tenha mais condições de realizar as suas atividades habituais, ou seja, estiver insusceptível de recuperação para o exercício dessas, obrigatoriamente, deve ser encaminhado para o programa de Reabilitação Profissional do INSS, devendo o benefício de auxílio-doença ser mantido até que o segurado seja dado como habilitado para o desempenho de nova atividade que lhe garanta a subsistência ou, quando considerado não recuperável, for aposentado por invalidez.

Do mesmo modo, recai sobre o INSS, a obrigação de reabilitar o segurado insusceptível de recuperação, bem como, o pagamento do benefício pelo período necessário até a sua reabilitação, sendo função única e exclusiva da Previdência Social, cumprir suas responsabilidades institucionais, e submetê-lo a processo de Reabilitação Profissional para capacitá-lo ao exercício de outra atividade.

Dessa forma, o INSS ao realizar a avaliação da capacidade laborativa do segurado, caso entenda que o mesmo não possa mais realizar as suas atividades habituais, desempenhadas na ocasião do seu afastamento, deve encaminhá-lo ao programa de Reabilitação Profissional, e não considerá-lo capaz, concedendo a alta previdenciária, com o intuito de repassar o encargo para a empresa readaptá-lo internamente, pois esse encargo é da autarquia previdenciária.

Por fim, não sendo possível a habilitação do segurado por meio da recuperação de sua capacidade laborativa para retorno ao trabalho em sua atividade habitual, nem mesmo após ter cumprido o programa de Reabilitação Profissional da Previdência Social, ou seja, for considerado pela perícia médica do INSS permanentemente incapaz de exercer qualquer atividade laborativa, ou ser reabilitado em nova função (não recuperável), deverá ser aposentado por invalidez.

A respeito da aposentadoria por invalidez, o sítio da Previdência Social esclarece:

> A aposentadoria por invalidez é um benefício devido ao trabalhador permanentemente incapaz de exercer qualquer atividade laborativa e que também não possa ser reabilitado em outra profissão, de acordo com a avaliação da perícia médica do INSS. O benefício é pago enquanto persistir a incapacidade e pode ser reavaliado pelo INSS a cada dois anos.
>
> Inicialmente o cidadão deve requerer um auxílio-doença, que possui os mesmos requisitos da aposentadoria por invalidez. Caso a perícia-médica constate incapacidade permanente para o trabalho, sem possibilidade de reabilitação em outra função, a aposentadoria por invalidez será indicada.

Como visto, na avaliação do médico perito da Previdência Social, ocorrendo a constatação de que o trabalhador esteja permanentemente incapaz de exercer qualquer atividade laborativa e impossibilitado para toda e qualquer atividade (incapacidade omniprofissional), deverá o mesmo ser aposentado por invalidez.

Desse modo, Rene Mendes (2013, p. 269) ensina que "quando a incapacidade laboral é omniprofissional, ou seja, é uma incapacidade que implica na impossibilidade total para qualquer atividade, o segurado é encaminhado para aposentadoria".

A aposentadoria por invalidez será interrompida ou cessada, quando: o aposentado por invalidez recuperar sua capacidade laborativa, e retornar ao trabalho; quando ocorrer o óbito do aposentado, nesse caso pode ocorrer a transformação em benefício de pensão por morte.

Assim, cabe obrigatoriamente ao INSS, aposentar os seus segurados por invalidez, quando ocorrer em avaliação médica pericial, a constatação de que o trabalhador esteja permanentemente incapaz de exercer qualquer atividade laborativa e impossibilitado para toda e qualquer atividade.

Por todo o exposto, analisando a responsabilidade do INSS, é possível afirmar, que em se tratando de incapacidade laborativa para o desempenho da atividade habitual, a manutenção do segurado afastado bem como o pagamento do benefício previdenciário de auxílio-doença cabe a autarquia previdenciária.

Não é crível, impor à empresa aceitar o segurado/trabalhador em exame médico de retorno ao trabalho, ainda convalescente da moléstia ou enfermidade, que impôs o seu afastamento e suspensão do contrato de trabalho, não havendo qualquer preceito legal que a obrigue.

O INSS não pode se eximir da responsabilidade pelo pagamento do benefício pela mera concessão de alta médica antes da hora (alegação de recuperação da capacidade laboral), pois cabe a Previdência Social, a manutenção do benefício de auxílio-doença, enquanto o segurado ficar incapacitado para o seu trabalho ou para a sua atividade habitual por mais de 15 (quinze) dias consecutivos.

A empresa, ao considerar o trabalhador inapto para o exercício de suas atividades laborais, quando o mesmo ainda está "incapacitado", não age com má fé, nem está recusando de forma injustificada a reintegração do trabalhador, apenas está cumprindo a sua obrigação legal, qual seja, zelar pela saúde e integridade física do trabalhador.

Pela simples leitura dos arts. 59 a 63 da Lei n. 8.213/1991, que disciplinam o benefício do auxílio-doença, a partir do décimo sexto dia de afastamento, o empregado será considerado licenciado da empresa, cabendo ao INSS o pagamento do "salário-benefício" do segurado enquanto permanecer incapaz para o seu trabalho e ou atividade habitual (inviável seu retorno às atividades laborais), assim, enquanto permanece incapacitado, mesmo após receber a alta precocemente pelo INSS, entende se que o seu contrato continua suspenso, até o seu definitivo retorno ao trabalho, não havendo fundamentos legais, que obriguem a empresa remunerar o período de afastamento do segurado, enquanto esse permanecer incapacitado.

Corrobora com esse raciocínio, o entendimento do jurista Fernando de Paulo da Silva Filho, ao tecer comentários sobre o limbo no artigo: Período de benefício não renovado pela previdência social – suspensão do contrato de trabalho, que ensina:

> [...] Todavia, não se justifica a obrigação de a empresa efetuar o pagamento dos salários, e demais consectários legais, no período em que o trabalhador deveria estar recebendo benefício previdenciário, em virtude de ausência de amparo legal. O fato de o empregado não ter usufruído de qualquer benefício durante o período do seu afastamento, não representa dizer, contudo, que a empresa deva arcar com o pagamento dos salários (...).

A empresa e o empregado são fontes diretas do custeio da Previdência Social, para quando necessário, o INSS pode garantir ao segurado, a prestação previdenciária (benefício), não seria justo o trabalhador pagar as suas contribuições e não receber a contraprestação quando dela necessitar (estiver incapacidade para o trabalho e ou atividade habitual).

No entanto, existe forte jurisprudência trabalhista, embasada no princípio constitucional da dignidade da pessoa humana e valor social do trabalho, da continuidade do vínculo empregatício, bem como, considerando como de serviço efetivo o período em que o empregado esteja à disposição do empregador (art. 4º, da CLT), no sentido de obrigar as empresas ao pagamento dos salários do período de afastamento.

Segundo essa corrente, a partir do momento em que o segurado recebe a alta médica previdenciária do benefício de auxílio-doença, cessa a suspensão contratual (segurado não é mais considerado licenciado), uma vez, que o empregado deve ser considerado de forma automática à disposição do empregador, tornando ativo o seu contrato de trabalho, e, por consequência, devem ser adimplidas todas as obrigações legais e contratuais existentes entre as partes.

Define, ainda, como obrigação do empregador, que a circunstância de o INSS determinar a alta médica, justifica o retorno imediato do empregado, devida a alta médica previdenciária ser um ato administrativo com presunção de legitimidade e veracidade, ainda que, se necessário, em função diferente daquela que exercia na ocasião do afastamento, com a finalidade de proteção do trabalhador, e esse não fique nessa situação humilhante e vexatória.

A orientação dos tribunais que adotam essa corrente é no sentido, de que, não havendo concordância com alta médica do INSS por parte da empresa, essa deve ingressar com ação contra a decisão do INSS para desconstituir a alta médica previdenciária.

Desse modo, citamos a decisão proferida pelo TRT da 2ª Região, nos autos do Recurso Ordinário n. 0002095-37.2012.5.02.0087, de relatoria da Desembargadora Ivani Contini Bramante:

LIMBO JURÍDICO TRABALHISTA — PREVIDENCIÁRIO. AFASTAMENTO PREVIDENCIÁRIO POR DOENÇA. ALTA MÉDICA. TEMPO À DISPOSIÇÃO DO EMPREGADOR. RECUSA DO EMPREGADOR EM FORNECER TRABALHO, SOB ESPEQUE DE INCAPACIDADE DO TRABALHADOR NÃO PROVADA POR PERÍCIA OFICIAL. OBRIGAÇÃO DO EMPREGADOR PAGAR OS SALÁRIOS. INTELIGÊNCIA DO ART. 1º, INCISO III e IV, da CF; ART. 59, § 3º, DA LEI N. 8.213/91 E ART. 4º, DA CLT. Nos termos do art. 1º, incisos III e IV, da Carta Federal a dignidade da pessoa humana e o valor social do trabalho são fundamentos da ordem jurídica (constitucional e infraconstitucional). Deste modo, nos termos do art. 59, § 3º, da Lei n. 8.213/91, o empregador é responsável pelo pagamento dos salários de seus empregados, afastados por motivo de doença, pelos primeiros 15 dias. Após tal período e, enquanto durar a causa incapacitante para o labor, faz jus o trabalhador ao correspondente benefício previdenciário, ficando suspenso o contrato de emprego até a alta médica. Após a alta médica o contrato de trabalho volta a produzir todos os seus efeitos legais, e o trabalhador é considerado à disposição do empregador aguardando ordens, com o respectivo cômputo do tempo de trabalho e direito aos salários e demais vantagens próprias do vínculo empregatício, tudo por conta do empregador (art. 4º, CLT). Ao empregador não é dado recusar o retorno do trabalhador às suas atividades, após a alta médica do INSS, sob o fundamento de que o médico do trabalho da empresa considerou-o inapto. **Se a empresa não concorda com a alta médica previdenciária do trabalhador deve recorrer da decisão da autarquia previdenciária e, destruir a presunção de capacidade atestada pelo médico oficial, fazendo valer a posição do seu médico.** Não pode o empregador ficar na cômoda situação de recusa em dar trabalho e, carrear aos ombros do trabalhador uma situação de limbo jurídico trabalhista-previdenciário, deixando-o à própria sorte, sem receber salários e tampouco benefício previdenciário. Tal conduta não se coaduna com os princípios constitucionais da dignidade da pessoa humana e do valor social do trabalho (art. 1º, III e IV, CF). Recurso ao qual se nega provimento. (TRT-2 – RO: 00020953720125020087 SP 00020953720125020087 A28, relatora: IVANI CONTINI BRAMANTE, Data de Julgamento: 5.8.2014, 4ª TURMA, Data de Publicação: 15.8.2014) (grifo nosso)

Para os defensores dessa corrente é obrigação do empregador, na impossibilidade de readaptação do empregado em nova função, após seu retorno à empresa, sendo constatada a incapacidade pelo médico do trabalho, arcar com os salários do empregado enquanto este permaneça afastado de suas atividades laborativas.

Como dito, os fundamentos citados por esta corrente doutrinária e jurisprudencial é a condição hipossuficiente do empregado na relação contratual, a responsabilidade social das empresas e conjugação de princípios constitucionais e trabalhistas, entre eles o da dignidade da pessoa humana do trabalhador e no valor social do trabalho, bem como da continuidade do vínculo empregatício e da responsabilidade do empregador, que assume os riscos da atividade econômica.

Mesmo com a presunção de veracidade da alta concedida pelo INSS, como já discutido, na maioria das vezes, o médico perito do INSS desconhece a profissiografia do trabalho realizado pelo segurado, ocasião em que mesmo se encontrando incapacitado para realizar o trabalho ou atividade laboral, cessa o benefício de forma precoce, concedendo a alta médica.

Uma forma de resolver esse impasse e não prejudicar o empregado e a empresa seria a previsão na legislação previdenciária, da possiblidade do empregador durante o período do "limbo", continuar a remunerar o empregado, concedendo a ele licença remunerada.

Após ingresso do empregador na esfera administrativa ou judicial contra o INSS, por não concordar com a alta médica previdenciária, uma vez reconhecida a incapacidade, sendo a decisão favorável à empresa, compensar de forma indenizatória, os valores pagos com a licença remunerada, como ocorre com o benefício de salário-maternidade (empregada celetista), em que a legislação prevê de forma obrigatória, o pagamento pelo empregador com sua compensação posterior, quando do recolhimento das contribuições previdenciárias por meio de dedução na Guia de Previdência Social.

Embora existam constantes inovações na legislação previdenciária, a respeito da situação de "limbo" que vem trazendo diversos problemas para o empregado/segurado e também insegurança para o empregador, não há qualquer movimentação de nossos legisladores a respeito da busca de solucionar tal celeuma.

Atualmente, são comuns ações regressivas do INSS contra empresas para reaver os valores pagos a título de auxílio-doença, comprovando que a incapacidade laboral se deu por culpa do empregador, com base no que dispõe o art. 120 da Lei n. 8.213/1991, "nos casos de negligência quanto às normas padrão de segurança e higiene do trabalho indicados para a proteção individual e coletiva, a Previdência Social proporá ação regressiva contra os responsáveis".

Também há uma Recomendação conjunta GP-CGJT n. 2, de 28 de outubro de 2011 do TST, que recomenda "aos Desembargadores dos Tribunais Regionais do Trabalho e aos Juízes do Trabalho que encaminhem à respectiva unidade da Procuradoria da Fazenda Nacional (relação anexa), por intermédio de endereço de e-mail institucional, cópia das sentenças e/ou acórdãos que reconheçam conduta culposa do empregador em acidente de trabalho, **a fim de subsidiar eventual ajuizamento de Ação Regressiva, nos termos do art. 120 da Lei n. 8.213/91**". (grifo nosso)

Por outro lado, não há nada específico sobre o tema, em nossa legislação a favor do empregador, que possibilite cobrar do INSS, como forma de indenização, quando a empresa paga como licença remunerada, os salários do empregado no período em que o mesmo se encontra no "limbo".

A respeito da possiblidade de ação contra o INSS para ressarcimento dos salários pagos pelo empregador, a Desembargadora do TRT/SP, Mestre e Doutora (PUC), Professora Universitária (SBC), Dra. Ivani Contini Bramante, em seu artigo Limbo Jurídico Trabalhista Previdenciário, esclarece que:

> A empresa que não concordar com a alta médica previdenciária do seu empregado deverá reinserir o trabalhador no posto de trabalho, ou em readaptação em função compatível com o estado de saúde do trabalhador. Entretanto, **se o empregador entender que ainda persiste a incapacidade para o trabalho do seu empregado e, para não agravar o quadro clínico, deve conceder ao empregado uma licença remunerada, suspender o contrato de trabalho e recorrer da decisão do INSS, na esfera administrativa ou judicial, questionando a alta médica indevida, com pedido de ressarcimento dos salários pagos até solução final.** (grifo nosso)

Nesse caso, entende se, salvo melhor juízo, que existe a possibilidade jurídica, fazendo uma leitura a *contrario sensu*, da empresa propor uma ação contra o INSS, buscando uma indenização de perdas e danos pelo prejuízo financeiro suportado por ela, com o pagamento de salários durante o período de licença remunerada decorrente de incapacidade laborativa do segurado/empregado, ocorrendo assim, uma ação regressiva de forma reversa (empresa contra o INSS), cabendo ao empregador, provar o equivoco do médico perito e existência do ato ilícito praticado pela INSS.

Esclarece-se, contudo, que a importância da discussão do presente trabalho não reside apenas em termos econômicos, seja para o empregado ou para o empregador.

A discussão é mais ampla e envolve questões sociais e políticas.

É certo em que cenários socioeconômicos delicados, como o que estamos vivenciando, a tendência é sempre pensar em redução de custos (visão privada do negócio) ou transferências de responsabilidades públicas, com a verdadeira privatização de serviços essenciais do Estado.

O que se propõe no presente trabalho, é o exame mais amplo da questão, com a proposição de resolução pela via técnica, com o critério de possibilidade de tratamento digno pelo Estado (sem antecipações prematuras de altas médicas) e, de outro lado, o acolhimento, quando necessário, pelo empregador, daquele empregado que, de fato, necessita de reabilitação ou de mudança de função.

Sabe-se da dificuldade de conciliar tais questões sociais e econômicas. Contudo, o estabelecimento de vias de diálogo e a criação de grupos de discussão, via parceria público-privada, pode se apresentar como um encaminhamento inicial para resolver o problema do limbo trabalhista-previdenciário.

Capítulo 8

Posição da Jurisprudência sobre o Limbo Trabalhista-Previdenciário

A seguir, posição majoritária da Jurisprudência Trabalhista, que entende, com base no princípio constitucional da dignidade da pessoa humana, bem como, considerando como de serviço efetivo o período em que o empregado esteja à disposição do empregador (art. 4º, da CLT), incumbindo às empresas, pelo ônus do pagamento dos salários do período de afastamento, indenização por danos morais (ato discriminatório e situação humilhante e vexatória), pela recusa de retornar o empregado ao seu emprego, tão logo este receba a alta, ainda, vem considerar como falta contratual grave do empregador, dando ensejo à rescisão indireta do contrato de trabalho.

> TÉRMINO DO BENEFÍCIO PREVIDENCIÁRIO. RECUSA DO EMPREGADOR EM ACEITAR O RETORNO DO EMPREGADO. LIMBO JURÍDICO. PAGAMENTO DE SALÁRIOS. PLEITO DEVIDO. É do empregador a responsabilidade pelo pagamento dos salários devidos ao empregado durante o período compreendido entre o término do auxílio-doença previdenciário e a readaptação do trabalhador pela empresa em atividades compatíveis com as suas limitações físicas. É que, após a alta previdenciária do demandante, tem-se como imediatamente cessada a suspensão do contrato de trabalho, restabelecendo-se, pois, as obrigações dele decorrentes. Recurso improvido. (TRT-6 – RO – 0000627-59.2015.5.06.0010, rel. Nise Pedroso Lins de Sousa, Data de julgamento: 2.8.2018, 4ª Turma, Data da Publicação: 12.7.2018)

> BENEFÍCIO PREVIDENCIÁRIO. CESSAÇÃO. SALÁRIOS. Considerada a reclamante apta para o trabalho pelo órgão previdenciário, incumbe à empregadora o pagamento dos seus salários desde a data da cessação do benefício previdenciário até o efetivo retorno ao trabalho. Sentença mantida. (TRT-4 – RO: 00211276320165040012, rel. Maria Madalena Telesca, Data de Julgamento: 12.7.2018, 3ª Turma, Data da Publicação: 12.7.2018)

> ALTA DE BENEFÍCIO PREVIDENCIÁRIO. INÉRCIA DO EMPREGADOR EM OFERECER TRABALHO. LIMBO JURÍDICO. Verificada a alta do benefício previdenciário e a cessação do período de suspensão do contrato de trabalho, são restabelecidas para a empregada e a empregadora as obrigações contratuais. Não tendo havido prestação de trabalho durante o período posterior à alta previdenciária em decorrência do impasse entre o empregador e o INSS, e da inércia daquele em ofertar trabalho à empregada, deve ser reconhecida sua obrigação ao pagamento dos salários do período. Todavia, dita obrigação cessa a partir do momento em que a empregada deixa de retornar ao serviço, sem justo motivo, após o trânsito em julgado da ação que indeferiu, em definitivo, a prorrogação do benefício previdenciário. (TRT-4 – RO: 00204860720165040261, rel. George Achutti, Data de Julgamento: 11.7.2018, 4ª Turma, Data da Publicação: 11.7.2018)

> AGRAVO DE INSTRUMENTO. RECURSO DE REVISTA INTERPOSTO SOB A ÉGIDE DAS LEIS NS. 13.015/2014 E 13.105/2015 E ANTES DA VIGÊNCIA DA LEI N. 13.467/2017 — DESCABIMENTO. RECUSA DA EMPRESA EM READMITIR O EMPREGADO CONSIDERADO APTO PARA O RETORNO AO TRABALHO PELO INSS. PAGAMENTO DE SALÁRIOS. Tendo o órgão previdenciário considerado

o reclamante apto para o retorno ao trabalho, cabia à reclamada, julgando que o empregado não reunia condições para retornar às atividades antes exercidas, zelar pela sua readaptação em função compatível com seu atual estado de saúde. No entanto, ao não permitir o retorno do autor, deixando de pagar os salários a partir da alta médica dada pelo INSS, a ré agiu de forma ilícita, o que motiva a condenação. Agravo de instrumento conhecido e desprovido. (TST – AIRR: 10581820145170012, rel. Alberto Luiz Bresciani de Fontan Pereira, Data de Julgamento: 26.6.2018, 3ª Turma, Data de Publicação: 29.6.2018)

DIREITO DO TRABALHO. DIREITO PROCESSUAL DO TRABALHO. RECURSO ORDINÁRIO. CESSAÇÃO DO BENEFÍCIO PREVIDENCIÁRIO. RECUSA DO EMPREGADOR EM ACEITAR O RETORNO DO EMPREGADO. LIMBO JURÍDICO. PAGAMENTO DE SALÁRIOS DEVIDO. ART. 4º DA CLT. *In casu*, a discussão travada nos autos repousa no direito ou não do empregado ao recebimento de salários no período "em que não recebeu benefício previdenciário do INSS, tampouco remuneração do empregador", tendo em vista a recusa deste em aceitar o retorno daquele ao posto de trabalho. A partir da alta previdenciária, o empregado encontra-se à disposição do empregador, nos termos do art. 4º da CLT, devendo esse último tomar as providências necessárias quanto ao retorno ao trabalho ou quanto à extinção do contrato do trabalho, respondendo pelo pagamento dos salários devidos até o início da percepção do novo benefício, como ocorreu no caso concreto. Assim, não se pode atribuir ao empregado o ônus de suportar os prejuízos financeiros decorrentes de evento eminentemente interno do órgão previdenciário, ficando, nestas condições, desamparado, sem a percepção de recursos financeiros necessários à manutenção da sua dignidade e subsistência. Recurso a que se nega provimento (TRT-6 – RO - 0000366-30.2014.5.06.0172, rel. Sérgio Torres Teixeira, Data de julgamento: 27.6.2018, 1ª Turma, Data da Publicação: 27.6.2018)

AGRAVO DE INSTRUMENTO EM RECURSO DE REVISTA. ACÓRDÃO PUBLICADO NA VIGÊNCIA DA LEI N. 13.015/2014. RETORNO AO TRABALHO APÓS ALTA PREVIDENCIÁRIA. RECUSA INJUSTIFICADA DO EMPREGADOR. LIMBO JURÍDICO PREVIDENCIÁRIO. É incontroverso nos autos que a reclamada, com fundamento em atestados médicos, impediu que a reclamante retornasse às suas atividades laborais tampouco procedeu à readaptação da trabalhadora em outras funções, embora a demandante tenha sido considerada apta para o trabalho pela perícia médica do INSS. Cumpre enfatizar que, nos termos do art. 2º da Lei n. 10.876/2004, o perito médico do INSS possui competência exclusiva para emissão de parecer conclusivo sobre a capacidade de retorno ao trabalho do empregado. Assim, pareceres médicos, ainda que emitidos por profissional da empresa, não têm o condão de respaldar a recusa da empresa em permitir o retorno do empregado ao seu posto de trabalho. Isso porque, embora a empregadora tenha o dever de preservar a integridade física e a saúde do trabalhador, não pode privá-lo de seu direito ao recebimento de salário. Dessa forma, a conduta da empresa, ao impedir o retorno do empregado à atividade laboral e, consequentemente, inviabilizar o percebimento da contraprestação pecuniária, mesmo após a alta previdenciária, se mostra ilícita, nos termos do art. 187 do Código Civil. Ressalte-se, ainda, que, segundo os termos do art. 476 da CLT, com o término do benefício previdenciário, o contrato de trabalho voltou a gerar todos os efeitos, permanecendo com o empregado o dever de prestar serviços e, com o empregador, o de pagar salários. Assim, impedido de retornar ao emprego, e já cessado o pagamento do benefício previdenciário, o empregado permanece no "limbo jurídico previdenciário trabalhista", como denominado pela doutrina. Com efeito, a jurisprudência desta Corte vem se consolidando no sentido de que, nessas hipóteses, há conduta ilícita do empregador em não permitir o retorno do empregado ao trabalho, pois evidenciada afronta ao princípio da dignidade da pessoa humana, inserto no art. 1º, inciso III, da Constituição Federal. Precedentes. VALOR ATRIBUÍDO À INDENIZAÇÃO POR DANOS MORAIS. A revisão do montante fixado nas instâncias ordinárias somente é realizada nesta extraordinária nos casos de excessiva desproporção entre o dano e a gravidade da culpa, em que o montante fixado for considerado excessivo ou irrisório, não atendendo à finalidade reparatória. No caso, o e. TRT, ao reduzir consideravelmente o *quantum* indenizatório fixado na sentença, o fez em conformidade com os princípios da razoabilidade e da proporcionalidade, bem como observando a gravidade da lesão e o caráter pedagógico da condenação, o que inviabiliza a pretensão, na medida em que não violado os arts. 5º, V, da Constituição, 186, 944 e 927 do CCB. Agravo não provido. (TST – Ag-AIRR: 11246520125150095, rel. Breno Medeiros, Data de Julgamento: 23.5.2018, 5ª Turma, Data de Publicação: 1º.6.2018)

LIMBO JURÍDICO TRABALHISTA PREVIDENCIÁRIO. TÉRMINO DO PERÍODO DE AFASTAMENTO POR DOENÇA. INÉRCIA DO EMPREGADOR QUE NÃO PROMOVEU O RETORNO DA EMPREGADA AOS SERVIÇOS. O Empregador que não promove o retorno do empregado aos serviços, após a alta médica e o término do período de afastamento, deve arcar pelo pagamento dos salários do respectivo período. Não se pode admitir que o empregado seja colocado no limbo jurídico previdenciário trabalhista, qual seja, não recebe o benefício previdenciário e ao mesmo tempo não recebe os salários. Aplica-se ao caso o princípio da continuidade do vínculo empregatício e considerando que o empregador, por expressa disposição legal é aquele que assume os riscos da atividade econômica (art. 2º da CLT) e ainda o disposto no art. 4º da CLT, o empregador deve arcar com o pagamento dos salários dos respectivos períodos de afastamento até a efetiva reintegração do empregado ao trabalho. Entendimento que se adota em consonância com os princípios da dignidade do ser humano e dos valores sociais do trabalho, insculpidos no art. 1º, III e IV da C.R./88. (TRT-3 – RO: 01031201408203006 0001031-09.2014.5.03.0082, rel. Sércio da Silva Pecanha, 8ª Turma, Data de Publicação: 18.10.2016)

RECURSO ORDINÁRIO. "LIMBO PREVIDENCIÁRIO TRABALHISTA". ALTA PREVIDENCIÁRIA. RETORNO AO TRABALHO. RECUSA DA EMPRESA. SALÁRIOS DEVIDOS. É bom lembrar que é atribuição exclusiva da Autarquia previdenciária e de seus peritos decidir sobre a aptidão ou não para o trabalho. Assim, caso a empresa — mesmo ciente da decisão denegatória do INSS e da expressa manifestação de vontade da trabalhadora em regressar ao trabalho — optar por contrariar o entendimento da Autarquia acaba por assumir o risco da disputa. Apelo do reclamado não provido. (TRT-1 – RO: 00103881220135010241, rel. Antonio Cesar Coutinho Daiha, Data de Julgamento: 19.9.2016, 3ª Turma, Data de Publicação: 7.10.2016)

DANO MORAL. FIM DO AUXÍLIO-DOENÇA. RETORNO AO TRABALHO. EMBARAÇOS. "LIMBO PREVIDENCIÁRIO". DANO MORAL. CONFIGURAÇÃO. Se o trabalhador, após o período de auxílio-doença, for "devolvido" ao INSS e impedido de retornar ao trabalho, sendo relegado à uma situação de total desamparo, que se convencionou denominar de "limbo previdenciário", resta configurado o abuso de direito por parte do empregador, que ofende a esfera moral do obreiro. Nesse sentido, restando evidenciada a ofensa ao patrimônio imaterial do trabalhador, a conduta indevida da ré e o nexo de causalidade entre ambos, faz jus o empregado ao pagamento de indenização pelo correspondente dano moral. (TRT-1 – RO: 00113601620155010207, rel. Raquel de Oliveira Maciel, Data de Julgamento: 31.8.2016, 3ª Turma, Data de Publicação: 6.10.2016)

DANO MORAL. LIMBO PREVIDENCIÁRIO. Não se admite, por infringir a dignidade da pessoa humana (art. 1º, III, da CRFB/88), o direito fundamental ao trabalho (arts. 1º, IV, e 170, caput, da CRFB/88), a responsabilidade social das empresas (arts. 3º, I, 170, da CRFB/88) e a própria função social do contrato (art. 421 do CC) que um trabalhador seja submetido a uma situação de estar sem trabalho, sem salário e sem benefício previdenciário, cabendo relevar que o abuso de direito é um ato ilícito, na forma do art. 187 do CC. O dano moral decorre de ofensa aos chamados direitos da personalidade, que são os direitos subjetivos absolutos, incorpóreos e extra patrimoniais, correspondentes aos atributos físicos, intelectuais e morais da pessoa. (TRT-1 – RO: 00007214820125010431, rel. Marcelo Antero de Carvalho, Data de Julgamento: 21.9.2016, 10ª Turma, Data de Publicação: 29.9.2016)

SALÁRIOS REFERENTES AO PERÍODO DE AFASTAMENTO. LIMBO JURÍDICO PREVIDENCIÁRIO. Após a alta previdenciária o contrato de trabalho volta a gerar efeitos com direitos e obrigações recíprocas, ou seja, quando do retorno da alta previdenciária, a empresa é responsável em adaptar o empregado incapacitado em função compatível com suas limitações, estando obrigada ao pagamento dos salários para prover o seu sustento. Assim, no caso, a reclamada deve arcar com o pagamento dos salários do período de afastamento até a data da dispensa, em consonância com os princípios da dignidade da pessoa humana e dos valores sociais do trabalho. Recurso patronal não provido. (TRT-24 00007019820135240005, rel. Marcio V. Thibau de Almeida, 1ª Turma, Data de Publicação: 24.8.2016)

ALTA PREVIDENCIÁRIA. IMPEDIMENTO DE RETORNO DO EMPREGADO AO TRABALHO. AUSÊNCIA DE PAGAMENTO DE SALÁRIOS E DO AUXÍLIO-DOENÇA. LIMBO TRABALHISTA PREVIDENCIÁRIO. Cessado o benefício previdenciário e considerado o empregado inapto pelo médico do empregador, é inadmissível que o obreiro seja colocado no denominado "limbo jurídico previdenciário trabalhista", situação na qual não recebe mais o benefício previdenciário, tampouco os salários. Nessas situações, pela aplicação do princípio da continuidade do vínculo empregatício e considerando que é do empregador os riscos da atividade econômica (art. 2º, da CLT), deve a própria empresa arcar com o pagamento dos salários do respectivo período de afastamento, já que o empregado se encontra à disposição da empresa (art. 4º da CLT). (TRT-3 – RO: 02201201400503000 0002201-53.2014.5.03.0005, rel. convocado: Antonio G. de Vasconcelos, 2ª Turma, Data de Publicação: 17.8.2016)

CESSAÇÃO DE BENEFÍCIO PREVIDENCIÁRIO. RETORNO AO TRABALHO. RECUSA DA EMPRESA. LIMBO JURÍDICO. Nos termos do art. 1º, incisos III e IV da Carta Federal a dignidade da pessoa humana e o valor social do trabalho são fundamentos da ordem jurídica (constitucional e infraconstitucional). Além do mais, o art. 60, § 3º, da Lei n. 8.213/91, prescreve que o empregador é responsável pelo pagamento dos salários de seus empregados, afastados por motivo de doença, pelos primeiros 15 dias. Após tal período e, enquanto durar a causa incapacitante para o labor, faz jus o trabalhador ao correspondente benefício previdenciário, ficando suspenso o contrato de emprego até a alta médica, ocasião em que volta a produzir todos os seus efeitos legais, e o trabalhador é considerado à disposição do empregador aguardando ordens, fazendo jus a todas as vantagens próprias do vínculo empregatício (art. 4º, CLT). Se a empresa não concorda com o resultado da perícia do INSS deve recorrer da decisão e destruir a presunção de capacidade atestada pelo médico oficial, fazendo valer a posição do seu laudo. Não pode o empregador ficar na cômoda situação de recusa em dar trabalho transferindo aos ombros do trabalhador uma situação de limbo jurídico trabalhista-previdenciário, à própria sorte, sem receber salários e tampouco benefício previdenciário. Recurso ordinário a que se nega provimento. (TRT-6 – RO – 0000276-35.2014.5.06.0006, red. Nise Pedroso Lins de Sousa, Data de julgamento: 11.8.2016, 4ª Turma, Data da assinatura: 16.8.2016)

ALTA PREVIDENCIÁRIA. INCAPACIDADE LABORATIVA ATESTADA PELO MÉDICO DA EMPREGADORA. LIMBO JURÍDICO LABORAL-PREVIDENCIÁRIO. PAGAMENTO DE SALÁRIO DEVIDO. O empregado que recebe alta previdenciária, mas é considerado inapto pela empresa, deve continuar recebendo salário, obrigação da qual a empregadora não se exime, cabendo a ela recorrer da decisão do INSS para efeito de ressarcimento. Inadmissível que neste impasse o trabalhador fique desamparado, no que se convencionou chamar 'limbo jurídico trabalhista-previdenciário', em que não recebe benefício previdenciário nem salário. (TRT-1 – RO: 00111995220155010321 RJ, rel. Marcos de Oliveira Cavalcante, Data de Julgamento: 29.6.2016, 6ª Turma, Data de Publicação: 14.7.2016)

LIMBO PREVIDENCIÁRIO TRABALHISTA. ALTA PREVIDENCIÁRIA. SALÁRIOS DEVIDOS. Como é cediço o contrato de trabalho é suspenso com a concessão do benefício previdenciário e retoma seus efeitos com a cessação do benefício, de modo que cessada a suspensão do contrato de trabalho por alta previdenciária, as obrigações contratuais retomam sua eficácia. Assim, se a interrupção da prestação de serviços se dá por imposição do empregador que, diferentemente do Órgão Previdenciário, considera a empregada inapta para o trabalho, como no presente caso, é certo que os pagamentos dos salários devem ser mantidos, ante o afastamento por iniciativa do empregador e ausente a concessão de benefício previdenciário, tendo em vista que o trabalhador não pode ficar sem meios de sobrevivência por divergência de entendimento entre o empregador e o Órgão Previdenciário, em situação obscura que a doutrina e a jurisprudência atuais denominam de "limbo previdenciário trabalhista". (TRT-1 – RO: 00102035420145010009 RJ, rel. Raquel de Oliveira Maciel, Data de Julgamento: 27.6.2016, 3ª Turma, Data de Publicação: 8.7.2016)

ALTA PREVIDENCIÁRIA. EMPREGADO CONSIDERADO INAPTO PELA EMPRESA. LIMBO JURÍDICO. Uma vez atestada a capacidade laborativa pelo órgão competente para tanto, deveria a reclamada ter acolhido tal decisão reintegrando o reclamante em suas atividades ou reabilitado para atribuição diversa e compatível com seu estado de saúde. O que não poderia ter feito era deixar o trabalhador nesse "vácuo", sem receber auxílio-doença, nem salário, ou seja, completamente desassistido durante longo período. Esclareça-se que o gozo de benefício previdenciário suspende o contrato de trabalho a teor do art. 476 da CLT, contudo, este volta a ter plena eficácia com a alta do INSS, inexistindo amparo legal para o empregador deixar de pagar salários por considerar o empregado inapto para as tarefas anteriormente desempenhadas. Recurso improvido, no particular. (TRT-6 – RO – 0001499-43.2014.5.06.0161, red. Fabio Andre de Farias, Data de julgamento: 29.6.2016, 2ª Turma, Data da assinatura: 29.6.2016)

AUXÍLIO-DOENÇA. SUSPENSÃO DO CONTRATO DE TRABALHO. ALTA DO ÓRGÃO PREVIDENCIÁRIO. NOVO AFASTAMENTO MÉDICO DETERMINADO PELA EMPRESA. LIMBO JURÍDICO LABORAL PREVIDENCIÁRIO. PAGAMENTO DE SALÁRIOS DEVIDO. A responsabilidade pelo pagamento dos salários, de período em que o empregado não goza auxílio previdenciário e é afastado do trabalho, por recomendação de médica da própria empresa, é do empregador, devendo ele recorrer da decisão do INSS que concede alta médica, para efeito de ressarcimento, ao invés de deixar o laborista sem quaisquer meios de subsistência, diante de quadro indefinido em relação a seu contrato de trabalho. (TRT-1 – RO: 00111987520145010071 RJ, rel. Leonardo da Silveira Pacheco, Data de Julgamento: 17.2.2016, 6ª Turma, Data de Publicação: 1º.3.2016)

CESSAÇÃO DO AUXÍLIO-ACIDENTÁRIO. PERÍODO NO QUAL O OBREIRO POSTULA PELAS VIAS ADMINISTRATIVA E JUDICIAL A MANUTENÇÃO DE BENEFÍCIOS JUNTO À PREVIDENCIA SOCIAL. AUSÊNCIA DE PAGAMENTO DE SALÁRIOS E DE BENEFÍCIO PREVIDENCIÁRIO. LIMBO JURÍDICO. Cessado o benefício previdenciário, a empresa tem obrigação de convocar o trabalhador para o exame médico, de modo a aferir a existência de aptidão laborativa, e, a partir de então, convocar o trabalhador para retorno ao posto de trabalho, adaptando-o, se necessário, em função compatível com sua capacidade física naquele momento. E, em caso de constatação de incapacidade laborativa total, é obrigação da empresa encaminhar o empregado novamente ao INSS, diligenciando, junto ao órgão previdenciário, para que o auxílio-doença seja prorrogado. *In casu*, não obstante o atestado de saúde ocupacional ter declarado a inaptidão da trabalhadora, a ré tinha ciência de que a obreira foi considerada apta pelo Órgão Previdenciário, além de ter sido aprovada em programa de reabilitação profissional, e deixou de convocar a empregada para o trabalho, o que inclui a readaptação, permitindo, assim, que durante o período de postulação de novo benefício junto ao Órgão Previdenciário e, posteriormente, na via judicial, a reclamante permanecesse, por quase 3 anos, em espécie de limbo jurídico, sem salário e sem perceber o benefício previdenciário. Esta conduta omissiva empresária importou na transferência para a empregada do ônus exclusivo de discutir, nas vias administrativa e judicial, possível inaptidão laborativa, o que afronta princípios constitucionais da valorização do trabalho e da dignidade da pessoa humana, fundamentos da República Federativa do Brasil (art. 1º da CF/88), notadamente em casos em que o afastamento do empregado decorreu de acidente do trabalho. Assim, o comportamento da ré autoriza concluir que ela concordou com as ausências no período de postulação junto ao órgão previdenciário e na via judicial, devendo se responsabilizar... (TRT-3 – RO: 01688201411203000 0001688-55.2014.5.03.0112, rel. Angela C. Rogedo Ribeiro, 1ª Turma, Data de Publicação: 24.2.2016)

LIMBO PREVIDENCIÁRIO TRABALHISTA. ALTA PREVIDENCIÁRIA. SALÁRIOS DEVIDOS. Como é cediço o contrato de trabalho é suspenso com a concessão do benefício previdenciário e retoma seus efeitos com a cessação do benefício, de modo que cessada a suspensão do contrato de trabalho por alta previdenciária, retomam sua eficácia as obrigações contratuais. Assim, se a interrupção da prestação de serviços se dá por imposição do empregador que, diferentemente do Órgão Previdenciário, não disponibiliza função compatível para a empregada, como no presente caso, é certo que os pagamentos dos salários devem ser mantidos, ante o afastamento por iniciativa do empregador e ausente a concessão de benefício previdenciário, tendo em vista que o trabalhador não pode ficar sem meios de sobrevivência por divergência de entendimentos entre o empregador e o Órgão Previdenciário em situação obscura que a doutrina e a jurisprudência atuais denominam de "limbo previdenciário trabalhista". (TRT-2 – RO: 00004727520125020203 SP 00004727520125020203 A28, rel. Álvaro Alves Nôga, Data de Julgamento: 24.9.2015, 17ª Turma, Data de Publicação: 6.10.2015)

CESSAÇÃO DO AUXÍLIO-DOENÇA. EMPREGADO CONSIDERADO INAPTO POR MÉDICO DA EMPRESA. IMPEDIMENTO DE RETORNO AO TRABALHO. "LIMBO TRABALHISTA PREVIDENCIÁRIO". RESCISÃO INDIRETA CONFIGURADA. Não se pode admitir que o empregado seja colocado no denominado "limbo jurídico previdenciário trabalhista", situação na qual não recebe mais o benefício previdenciário, tampouco os salários. Aplica-se ao caso o princípio da continuidade do vínculo empregatício e considerando que o empregador, por expressa disposição legal é aquele assume os riscos da atividade econômica (art. 2º, da CLT) e, ainda o disposto no art. 4º, da CLT, o empregador deve arcar com o pagamento dos salários do respectivo período de afastamento. A recusa do empregador em aceitar o retorno de empregada considerada apta pelo INSS constitui falta grave, de modo a ensejar a rescisão indireta, uma vez que a laborista se viu, indefinidamente, sem qualquer fonte de sustento. (TRT-3 – RECURSO ORDINARIO TRABALHISTA RO 02280201300903004 0002280-54.2013.5.03.0009 (TRT-3). Data de publicação: 31.8.2015) (TRT-3 – RO: 02280201300903004 0002280-54.2013.5.03.0009, rel. Marcio Flavio Salem Vidigal, 5ª Turma, Data de Publicação: 31.8.2015)

RETORNO AO TRABALHO APÓS ALTA PREVIDENCIÁRIA. RECUSA DO EMPREGADOR EM ACEITAR O EMPREGADO. EXIGÊNCIA DE NOVOS ATESTADOS. CONSEQUÊNCIAS DO "LIMBO JURÍDICO-TRABALHISTA-PREVIDENCIÁRIO". Na relação triangular entre o INSS (que indeferiu o benefício por reconhecer a aptidão), o empregador (cujo médico do trabalho não recomenda o retorno) e o empregado (cujos salários são essenciais à sobrevivência, mormente no momento de maior fragilidade), impossível aceitar-se que seja o trabalhador a sofrer as consequências deletérias desses desencontros de opiniões. No exercício da função social da empresa, prevista constitucionalmente, e em prol da dignidade da pessoa humana, não pode ser o trabalhador feito de "peteca", sendo jogado de mão em mão, sem salários, sem benefício previdenciário, sem saber o destino final. Por conseguinte, devidos são os salários desse período que doutrina e jurisprudência tem alcunhado de "limbo jurídico-trabalhista-previdenciário". (TRT-17 – RO: 00004755120145170006, rel. Wanda Lúcia Costa Leite França Decuzzi, Data de Publicação: 14.7.2015)

LIMBO JURÍDICO PREVIDENCIÁRIO TRABALHISTA. RESPONSABILIDADE DO EMPREGADOR PELOS SALÁRIOS E DEMAIS VANTAGENS DECORRENTES DO VÍNCULO DE EMPREGO. DANO À MORAL. Após a alta médica do INSS, a suspensão do pacto laboral deixa de existir, voltando o contrato em tela a produzir todos os seus efeitos. Se o empregador impede o retorno ao labor, deve tal situação ser vista como se o empregado estivesse à disposição da empresa esperando ordens, onde o tempo de trabalho deve ser contado e os salários e demais vantagens decorrentes o vínculo de emprego quitados pelo empregador, nos termos do art. 4º da CLT. Além disso, o mero fato de ensejar ao trabalhador a famosa situação de "limbo jurídico previdenciário trabalhista" — quando o empregado recebe alta do INSS, porém ainda está inapto para o labor segundo a empresa — configura o dano à moral, posto que o trabalhador fica à mercê da própria sorte, sem meios para a própria sobrevivência e de seus dependentes. (TRT-2 – RO: 00018981120135020261 SP 00018981120135020261 A28, rel. Maurilio de Paiva Dias, Data de Julgamento: 3.3.2015, 5ª Turma, Data de Publicação: 9.3.2015)

LIMBO JURÍDICO TRABALHISTA. PREVIDENCIÁRIO AFASTAMENTO PREVIDENCIÁRIO POR DOENÇA. ALTA MÉDICA. CARÁTER ABUSIVO DA DISPENSA OCORRIDA. Nos termos do art. 1º, incisos III e IV da Carta Federal a dignidade da pessoa humana e o valor social do trabalho são fundamentos da ordem jurídica (constitucional e infraconstitucional). Ao empregador não é dado recusar o retorno do trabalhador às suas atividades, após a alta médica do INSS, quando verificado que o trabalhador não recuperou sua força de trabalho. Não pode o empregador ficar na cômoda situação de recusa em dar trabalho, carrear aos ombros do trabalhador uma situação de limbo jurídico trabalhista-previdenciário, deixando-o à própria sorte, sem receber salários e tampouco benefício previdenciário. No caso em tela, o reclamante passou a ser deficiente visual, ficando cego em um olho e com redução da visão no outro. A manutenção do emprego, nessas condições, após a alta médica do INSS, é válida para o fim de cumprimento do art. 93 da Lei n. 8.213/91. Referido dispositivo legal prevê uma cota de contratação por parte da empresa de pessoas portadoras de deficiência. Se a empresa não demonstra o cumprimento desta cota, que tem caráter social, deve manter o emprego do reclamante. Embora este não tenha direito à estabilidade prevista no art. 118 da Lei n. 8.213/91, sua dispensa apenas pode ocorrer mediante a contratação de substituto que preencha os requisitos do art. 93 da Lei n. 8.213/91, resguardando-se, assim, os princípios da não discriminação (art. 7º, XXX, XXXI e XXXII da Constituição Federal) e da função social do contrato de trabalho (art. 422 do Código Civil c/c art. 8º da CLT). Recurso ao qual se nega provimento. (TRT-2 – RO: 00013900320135020411 SP 00013900320135020411 A28, rel. Ivani Contini Bramante, Data de Julgamento: 16.12.2014, 4ª Turma, Data de Publicação: 16.1.2015)

LIMBO JURÍDICO TRABALHISTA. PREVIDENCIÁRIO AFASTAMENTO PREVIDENCIÁRIO POR DOENÇA. ALTA MÉDICA. TEMPO À DISPOSIÇÃO DO EMPREGADOR. RECUSA DO EMPREGADOR EM FORNECER TRABALHO, SOB ESPEQUE DE INCAPACIDADE DO TRABALHADOR NÃO PROVADA POR PERÍCIA OFICIAL. OBRIGAÇÃO DO EMPREGADOR PAGAR OS SALÁRIOS. INTELIGÊNCIA DO ART. 1º, INCISO III e IV, DA CF; ART. 59, § 3º, DA LEI N. 8.213 /91 E ART. 4º, DA CLT. Nos termos do art. 1º, incisos III e IV da Carta Federal a dignidade da pessoa humana e o valor social do trabalho são fundamentos da ordem jurídica (constitucional e infraconstitucional). Deste modo, nos termos do art. 59, parágrafo 3º, da Lei n. 8.213 /91, o empregador é responsável pelo pagamento dos salários de seus empregados, afastados por motivo de doença, pelos primeiros 15 dias. Após tal período e, enquanto durar a causa incapacitante para o labor, faz jus o trabalhador ao correspondente benefício previdenciário, ficando suspenso o contrato de emprego até a alta médica. Após a alta médica o contrato de trabalho volta a produzir todos os seus efeitos legais, e o trabalhador é considerado à disposição do empregador aguardando ordens, com o respectivo cômputo do tempo de trabalho e direito aos salários e demais vantagens próprias do vínculo empregatício, tudo por conta do empregador (art. 4º, CLT). Ao empregador não é dado recusar o retorno do trabalhador às suas atividades, após a alta médica do INSS, sob o fundamento de que o médico do trabalho da empresa considerou-o inapto. Se a empresa não concorda com a alta médica previdenciária do trabalhador deve recorrer da decisão da autarquia previdenciária e, destruir a presunção de capacidade atestada pelo médico oficial e, fazer valer a posição do seu médico. Não pode o empregador ficar na cômoda situação de recusa em dar trabalho e, carrear aos ombros do trabalhador uma situação de limbo jurídico trabalhista-previdenciário, à própria sorte, sem receber salários e tampouco benefício previdenciário... (TRT-2 – RO: 9684720125020 SP 00009684720125020028 A28, rel. Ivani Contini Bramante, Data de Julgamento: 5.11.2013, 4ª Turma, Data de Publicação: 14.11.2013)

ALTA MÉDICA PERANTE O INSS. TRABALHADOR CONSIDERADO INAPTO PARA O TRABALHO PELO MÉDICO DA EMPRESA. LIMBO JURÍDICO TRABALHISTA-PREVIDENCIÁRIO. ART. 476, CLT. CONTRATO DE TRABALHO VIGENTE. OBRIGAÇÃO DE PAGAR SALÁRIOS MANTIDA. De acordo com o art. 476 da CLT, o afastamento do trabalhador do posto de trabalho, com percepção do benefício previdenciário em razão de doença constitui suspensão do contrato de trabalho. Com a alta médica e cessação do benefício, é certo que o contrato volta a produzir os seus efeitos regulares, dentre as quais a obrigação de pagar salários. No caso concreto, após a alta médica, a empregadora considerou o obreiro inapto para retornar ao posto de trabalho em razão das doenças apresentadas. Assim, configurou-se a lamentável situação que a jurisprudência denominou <limbo jurídico trabalhista-previdenciário>. Isto é, o trabalhador é considerado apto pela autarquia previdenciária, deixando de receber benefício; E inapto pelo empregador, deixando de receber salário. Diante desse quadro, a melhor interpretação é no sentido de que uma vez cessado o afastamento previdenciário não pode o empregador simplesmente se recusar a receber o trabalhador de volta ao posto. Deve, isto sim, providenciar atividade compatível com as limitações apontadas até que ocorra novo afastamento, caso devido. Poderia a empresa, ainda, recorrer da decisão do INSS e comprovar que o trabalhador realmente não possui condições para o labor. O que não se admite é que o contrato de trabalho continue vigente e, concomitantemente, o obreiro seja privado do salário. (TRT 02ª R. – 20120075401 – (20130023269) – 4ª Turma, rel. Juiz Paulo Sérgio Jakutis – DOE/SP 1º.2.2013)

Por outro lado, embora minoritária, há jurisprudência trabalhista, com entendimento que a partir do décimo sexto dia de afastamento, o empregado será considerado licenciado da empresa, cabendo ao INSS o pagamento do "salário-benefício" do segurado enquanto permanecer incapaz para o seu trabalho e ou atividade habitual (inviável seu retorno às atividades laborais), assim, enquanto permanece incapacitado, mesmo após receber a alta precocemente pelo INSS, entende se que o seu contrato continua suspenso, até o seu definitivo retorno ao trabalho, não havendo fundamentos legais, que obriguem a empresa remunerar o período de afastamento do segurado, enquanto esse permanecer incapacitado, cabendo ao INSS, à manutenção pelo benefício.

AUXÍLIO-DOENÇA. ALTA DO INSS. EMPREGADA CONSIDERADA INAPTA PELO MÉDICO DA EMPRESA. IMPOSSIBILIDADE DE IMPOSIÇÃO DE PAGAMENTO DE SALÁRIOS AO EMPREGADOR. Não houve recusa injustificada da empresa em reintegrar a obreira ao trabalho. Toda a prova documental produzida demonstra que a reclamada não agiu de má fé e cumpriu todas as suas obrigações, não exigindo da trabalhadora a prestação de serviços, por reputá-la incapaz para o trabalho e fornecendo a documentação necessária para que a reclamante pudesse pleitear seus direitos junto ao INSS. Como bem salientado a quo, não há impedimento legal para que as empresas, diante dos documentos que atestam a inaptidão do obreiro, como o laudo do médico do trabalho, obstem seu retorno ao trabalho enquanto durar o procedimento administrativo de recursos perante a Previdência Social, também não há obrigatoriedade de remunerar mencionado período, já que, esse período em que o empregado permanece afastado pedindo reconsideração do pedido de auxílio-doença deve ser considerado como de suspensão do contrato de trabalho. Outrossim, não há fundamento legal para autorizar o pagamento dos salários pretendidos. Recurso ordinário da reclamante a que se nega provimento. (TRT-2 – RO: 00013640720135020087 SP 00013640720135020087 A28, rel. Maria Cristina Fisch, Data de Julgamento: 25.2.2015, 18ª Turma, Data de Publicação: 2.3.2015)

SUSPENSÃO DO CONTRATO DE TRABALHO. BENEFÍCIO PREVIDENCIÁRIO. AUXÍLIO-DOENÇA. A fruição do benefício previdenciário auxílio-doença pelo autor decorre da relação jurídica existente entre o segurado e o órgão previdenciário, não havendo fundamento legal para impor à empresa o dever de comunicar o empregado sobre sua situação perante o INSS. (TRT-2 – RO: 00684005420065020041 SP, rel. Soraya Galassi Lambert, 17ª Turma, Data de Publicação: 14.12.2012)

AUXÍLIO-DOENÇA. ALTA MÉDICA ANTES DA RECUPERAÇÃO DO EMPREGADO. IMPOSSIBILIDADE DE IMPOSIÇÃO DE SALÁRIOS AO EMPREGADOR. Não existe qualquer preceito de lei que imponha à empresa aceitar o segurado empregado de volta ao emprego ainda convalescente da moléstia ou enfermidade, que impôs a suspensão do contrato de trabalho. Do 16º (décimo sexto) dia do afastamento do emprego por motivo de saúde em diante, a responsabilidade pelo pagamento dos salários é do INSS, dela não se eximindo pela mera concessão de alta médica antes da hora. (TRT da 3ª Região; Processo: 00148-2010-106-03-00-4 RO; Data de Publicação: 17.2.2011; Órgão Julgador: Oitava Turma; relator convocado: Milton V. Thibau de Almeida; rev. Marcio Ribeiro do Valle; Divulgação: 16.2.2011. DEJT, p. 136)

DOENÇA COMUM. SUSPENSÃO DO CONTRATO. INCAPACIDADE LABORATIVA NÃO RECONHECIDA PELO INSS. Espécie em que, embora o INSS não tenha concedido a prorrogação do auxílio-doença ao autor, o mesmo continua incapacitado para o trabalho, sendo inviável seu retorno às atividades laborais na reclamada. Resta mantida, portanto, a suspensão do contrato de trabalho, sendo deferida ao autor prestação jurisdicional alternativa no sentido de determinar à reclamada novo encaminhamento de solicitação de benefício previdenciário junto ao INSS, no intuito de possibilitar ao empregado rever sua situação jurídica junto àquele Órgão. (TRT-4 – RO: 645020105040801 RS 0000064-50.2010.5.04.0801, rel. Carmen Gonzalez, Data de Julgamento: 8.9.2011, 1ª Vara do Trabalho de Uruguaiana)

Conclusão

Consoante demonstrado durante esta apresentação, o empregado, como não poderia ser diferente, busca a obtenção dos recursos básicos para a sua sobrevivência e subsistência de sua família, por meio do seu trabalho.

Devido às contingências sociais a qual todos os indivíduos estão sujeitos, estamos suscetíveis a doenças e eventual incapacidade laboral. Neste contexto, o benefício previdenciário de auxílio-doença, visa suprir, temporariamente, a manutenção e subsistência do segurado e de sua família até a sua recuperação.

Ocorre, contudo, que podem existir divergências entre a avaliação clínica do INSS e do médico da empresa a respeito da existência ou não de capacidade laboral.

É comum, por exemplo, o INSS entender pela alta médica e, na avaliação pormenorizada do médico, que leva em consideração, as questões específicas do trabalho, existir a declaração de inapto.

Nestas situações, ocorre o limbo trabalhista-previdenciário.

O conflito não é pequeno, pois, se de um lado, o INSS não pode se eximir da responsabilidade pelo pagamento do benefício, pela mera concessão de alta médica antes da hora, de outro, o empregador não pode ser penalizado com a imputação da responsabilidade sobre o pagamento do período de afastamento, uma vez que a lei previdenciária é objetiva ao determinar que, enquanto o empregado estiver incapacitado para o trabalho, terá direito a percepção do benefício de auxílio-doença.

No meio desta disputa jurídico-social, fica o empregado que é obrigado a contribuir de forma compulsória para o sistema previdenciário e, independente das razões de cada parte, deve ter assegurado seu direito e amparo ao recebimento de salário ou de auxílio previdenciário, especialmente em momento delicado de sua vida.

Ressalvado posicionamento em sentido contrário, com todo o respeito, a solução adequada e, que melhor atende aos anseios do empregado, seria a mantença do benefício até a completa recuperação.

Se tal hipótese não ocorrer, que se possa encaminhar o empregado ao programa de reabilitação profissional, ainda que de forma temporária, até que ele recupere sua capacidade para o trabalho. Não sendo possível a recuperação para qualquer atividade, deve o INSS encaminhar o segurado para aposentadoria por invalidez.

Por sua vez, não se pode penalizar o empregador que, na avaliação de retorno, verifica que o empregado não está apto ao trabalho.

Ao obstar o retorno, o que à primeira vista pode parecer prejudicial ao empregado, na verdade, se traduz em zelo e cautela na preservação da sua saúde.

Portanto, como dito, o melhor entendimento é que, até a aferição da completa capacidade do empregado, cabe ao INSS manter o benefício ou encaminhá-lo a programas de reabilitação.

O que não é aceitável é impor ao empregado o exercício de determinado função sem que ele esteja plenamente apto a tanto.

Contudo, mesmo diante destes judiciosos argumentos, existe forte jurisprudência trabalhista em sentido contrário, atribuindo ao empregador, a responsabilidade pelo pagamento de salários durante o período de afastamento, mesmo diante da ausência de previsão legal.

Por isso, entende-se defensável que exista a possibilidade jurídica do empregador promover uma ação regressiva reversa em desfavor do INSS, para cobrar os valores por ela suportados, a título de salário, durante o período em que o empregado permanecer de licença remunerada.

Insiste-se, contudo e, como menção final, que o objetivo maior deste trabalho é a possibilidade de discutir a questão não somente pelo viés econômico, mas com foco no direito do empregado e, em defesa da sua dignidade, de serem aplicados critérios técnicos, assegurando-lhe o direito a tratamento de saúde e amparo previdenciário, questões de ordem fundamental e com amparo constitucional.

Referências Bibliográficas

ANAMT. Associação Nacional de Medicina do Trabalho. *Competências requeridas*. Disponível em: <http://www.anamt.org.br/site/pagina_geral.aspx?pagid=14>. Acesso em: 4 jan. 2017.

_____. *Sugestão 5 – Elaboração e Desenvolvimento do PCMSO*. Disponível em: <http://www.anamt.org.br/site/upload_arquivos/sugestao_de_conduta_13120151011107055475.pdf>. Acesso em: jan. 2017.

_____. *Sugestão 6 – Atestado de Saúde Ocupacional (ASO)*. Disponível em: <http://www.anamt.org.br/site/upload_arquivos/sugestao_de_conduta_13120151011297055475.pdf>. Acesso em: 4 jan. 2017.

APMT. Associação Paulista de Medicina do Trabalho. *Parecer sobre relação Médico Perito do INSS e Médico do Trabalho – 2012*. Disponível em: <http://spmt.org.br/cientifico/>. Acesso em: 4 jan. 2017.

BARROS, Alice Monteiro de. *Curso de Direito do Trabalho*. 5. ed. São Paulo: LTr, 2009.

BRAMANTE, Ivani Contini. *Limbo Jurídico Trabalhista-Previdenciário*. Faculdade de Direito de São Bernado do Campo. Disponível em: <http://www.direitosbc.br/Data/Sites/2/arquivos_servidor_fdsbc/noticia_on_line/ci/2016/artigo-limbo-jur%C3%ADdico-trabalhista-previdenci%C3%A1rio---prof.--ivani-bramante.pdf>. Acesso em: 17 fev. 2017.

BRASIL. Advocacia Geral da União. *Súmula n. 25*. Será concedido auxílio-doença ao segurado considerado temporariamente incapaz para o trabalho ou sua atividade habitual, de forma total ou parcial, atendidos os demais requisitos legais, entendendo-se por incapacidade parcial aquela que permita sua reabilitação para outras atividades laborais. Disponível em: <http://www.agu.gov.br/atos/detalhe/28325>. Acesso em: 30 out. 2016.

_____. Constituição (1988). *Constituição da República Federativa do Brasil*. Brasília, DF: Senado, 1988.

_____. Decreto-lei n. 5.452, de 1º de maio de 1943. *Consolidação das Leis do Trabalho*. Disponível em: <http://www.planalto.gov.br/ccivil_03/Decreto-lei/del5452.htm>. Acesso em: 30 out 2016.

_____. Decreto n. 3.048/1999. *Dispõe Regulamento da Previdência Social, e dá outras providências*. Disponível em: <http://www.planalto.gov.br/ccivil_03/decreto/d3048.htm>. Acesso em: 30 out. 2016.

_____. Decreto n. 7.602/2011. *Política Nacional de Segurança e Saúde no Trabalho – PNSST*. Disponível em: <http://www.planalto.gov.br/ccivil_03/_Ato2011-2014/2011/Decreto/D7602.htm>. Acesso em: 16 jan. 2017.

_____. Instrução Normativa INSS/PRES n. 45, de 06 de agosto de 2010. *Dispõe sobre a administração de informações dos segurados, o reconhecimento, a manutenção e a revisão de direitos dos beneficiários da Previdência Social e disciplina o processo administrativo previdenciário no âmbito do Instituto Nacional do Seguro Social — INSS*. Disponível em: <http://sislex.previdencia.gov.br/paginas/38/inss-pres/2010/45_1.htm>. Acesso em: 16 jan. 2017.

_____. Lei n. 605/1949. *Repouso semanal remunerado e o pagamento de salário nos dias feriados civis e religiosos*. Disponível em: <http://www.planalto.gov.br/ccivil_03/leis/L0605.htm>. Acesso em: 20 jan. 2017.

_____. Lei n. 8.213/1991. *Dispõe sobre Planos de Benefícios da Previdência Social e dá outras providências*. Disponível em: <http://www.planalto.gov.br/ccivil_03/leis/L8213cons.htm>. Acesso em: 21 jan. 2017.

_____. Lei n. 8.742/1993. *Organização da Assistência Social e dá outras providências*. Disponível em: <http://www.planalto.gov.br/ccivil_03/Leis/L8742.htm>. Acesso em: 12 jan. 2017.

_____. Lei n. 10.876/2004. *Cria a Carreira de Perícia Médica da Previdência Social, dispõe sobre a remuneração da Carreira de Supervisor Médico-Pericial do Quadro de Pessoal do Instituto Nacional do Seguro Social — INSS e dá outras providências*. Disponível em: <http://www.planalto.gov.br/ccivil_03/_ato2004-2006/2004/lei/l10.876.htm>. Acesso em: 12 jan. 2017.

_____. Lei n. 11.907/2009. *Estruturação da Carreira de Perito Médico da Previdência Social*. Disponível em: <http://www.planalto.gov.br/ccivil_03/_ato2007-2010/2009/Lei/L11907.htm>. Acesso em: 12 jan. 2017.

_____. Ministério do Trabalho. Portaria n. 3.214, de 8 de junho de 1978. *NR-4 – Serviço Especializado em Engenharia de Segurança e em Medicina do Trabalho*. Disponível em: <http://trabalho.gov.br/images/Documentos/SST/NR/NR4.pdf>. Acesso em: 30 out. 2016.

_____. Ministério do Trabalho. Portaria n. 3.214, de 8 de junho de 1978. *NR-7 – Programa de Controle Médico e Saúde Ocupacional*. Disponível em: <http://trabalho.gov.br/images/Documentos/SST/NR/NR7.pdf>. Acesso em: 30 out. 2016.

_____. Ministério do Trabalho. Portaria n. 3.214, de 8 de junho de 1978. *NR-9 – Programa de Prevenção de Riscos Ambientais*. Disponível em: <http://trabalho.gov.br/images/Documentos/SST/NR/NR-09atualizada2014III.pdf>. Acesso em: 30 out. 2016.

_____. Portaria Interministerial n. 2.998, de 23 de agosto de 2001. *As doenças ou afecções abaixo indicadas excluem a exigência de carência para a concessão de auxílio-doença ou de aposentadoria por invalidez aos segurados do Regime Geral de Previdência Social — RGPS*. Disponível em: <http://sislex.previdencia.gov.br/paginas/65/MPAS-MS/2001/2998.htm>. Acesso em: 30 out. 2016.

_____. Resolução Conselho Federal de Medicina 1.488/1998. *Dispõe de normas específicas para médicos que atendam o trabalhador*. Disponível em: <http://www.portalmedico.org.br/resolucoes/cfm/1998/1488_1998.htm>. Acesso em: 20 jan. 2017.

_____. Resolução Conselho Federal de Medicina n. 1.658/2002. *Normatiza a emissão de atestados médicos e dá outras providências*. Disponível em: <http://portal.cfm.org.br/index.php?option=com_content&id=2617>. Acesso em: 20 jan. 2017.

_____. Resolução Conselho Federal de Medicina n. 1.851/2008. *Altera o art. 3º da Resolução CFM n. 1.658, de 13 de fevereiro de 2002, que normatiza a emissão de atestados médicos e dá outras providências*. Disponível em: <http://www.portalmedico.org.br/resolucoes/cfm/2008/1851_2008.htm>. Acesso em: 20 jan. 2017.

_____. Turma Nacional de Uniformização dos Juizados Especiais Federais. *Súmula n. 53*. Não há direito a auxílio-doença ou a aposentadoria por invalidez quando a incapacidade para o trabalho é preexistente ao reingresso do segurado no Regime Geral de Previdência Social. Disponível em: <https://www2.jf.jus.br/phpdoc/virtus/sumula.php?nsul=53>. Acesso em: 10 jan. 2017.

BRASIL. Tribunal Regional Trabalho (1ª Região). *Limbo Previdenciário Trabalhista. Alta Previdenciária. Retorno ao Trabalho. Recusa da Empresa. Salários Devidos*. Recurso Ordinário n. 00103881220135010241 (TRT-1). Recorrente: Angel's Serviços Técnicos Ltda. Recorrido: Vera Lucia Carvalho de Oliveira. Relator: Antonio Cesar Daiha. Rio de Janeiro, 07 de outubro de 2016.

Disponível em: <https://trt-1.jusbrasil.com.br/jurisprudencia/411831506/recurso-ordinario-ro-103881220135010241/inteiro-teor-411831603?ref=juris-tabs>. Acesso em: 17 fev. 2017.

_____. Tribunal Regional Trabalho (1ª Região). *Dano Moral Fim do Auxílio-Doença*. Retorno ao Trabalho. Embaraços. "Limbo Previdenciário". Dano Moral. Configuração. Recurso Ordinário n. 00113601620155010207 (TRT-1). Recorrente: Enesa Engenharia Ltda. Recorrido: Wilton da Silva Trindade. Relator: Raquel de Oliveira Maciel. Rio de Janeiro, 31 de agosto de 2016. Disponível em: <https://trt-1.jusbrasil.com.br/jurisprudencia/411586350/recurso-ordinario-ro-113601620155010207?ref=juris-tabs>. Acesso em: 17 fev. 2017.

_____. Tribunal Regional Trabalho (1ª Região). *Dano Moral. Limbo Previdenciário*. Recurso Ordinário n. 00007214820125010431 (TRT-1). Recorrente: Auto Viação 1001 Ltda.. Recorrido: Jordilei da Silva Lima. Relator: Marcelo Antero de Carvalho. Rio de Janeiro, 21 de setembro de 2016. Disponível em: <https://trt-1.jusbrasil.com.br/jurisprudencia/411028631/recurso-ordinario-ro-7214820125010431?ref=juris-tabs#comments>. Acesso em: 17 fev. 2017.

_____. Tribunal Regional Trabalho (1ª Região). *Limbo Previdenciário Trabalhista*. Alta Previdenciária. Salários Devidos. Recurso Ordinário n. 00102035420145010009 (TRT-1). Recorrente: Senso Corretora de Cambio e Valores Mobiliários S/A. Recorrido: Maria do Socorro Alves Cavalcante. Relatora: Raquel de Oliveira Maciel. Rio de Janeiro, 27 de junho de 2016. Disponível em: <https://trt-1.jusbrasil.com.br/jurisprudencia/360398380/recurso-ordinario-ro-102035420145010009-rj/inteiro-teor-360398436>. Acesso em: 17 fev. 2017.

_____. Tribunal Regional Trabalho (1ª Região). *Alta Previdenciária*. Incapacidade Laborativa Atestada pelo Médico da Empregadora. Limbo Jurídico Laboral-Previdenciário. Pagamento de Salário Devido. Recurso Ordinário n. 00111995220155010321 (TRT-1). Recorrente: Ativ Comércio de Alimentos Ltda. – ME. Recorrido: Adelina Ferreira Rabello. Relator: Marcos de Oliveira Cavalcante. Rio de Janeiro, 29 de junho de 2016. Disponível em: <https://trt-1.jusbrasil.com.br/jurisprudencia/361739951/recurso-ordinario-ro-111995220155010321-rj?ref=juris-tabs>. Acesso em: 17 fev. 2017.

_____. Tribunal Regional Trabalho (1ª Região). *Auxílio-Doença*. Suspensão do Contrato de Trabalho. Alta do Órgão Previdenciário. Novo Afastamento Médico Determinado pela Empresa. Limbo Jurídico Laboral Previdenciário. Pagamento de Salários Devido. Recurso Ordinário n. 00111987520145010071 (TRT-1). Recorrente: Barrafor Veículos Ltda. – ME. Recorrido: Carlos Alberto da Costa Paiva. Relator: Leonardo da Silveira Pacheco. Rio de Janeiro, 17 de fevereiro de 2016. Disponível em: <https://trt-1.jusbrasil.com.br/jurisprudencia/310160635/recurso-ordinario-ro-111987520145010071-rj/inteiro-teor-310160863?ref=juris-tabs>. Acesso em: 17 fev. 2017.

_____. Tribunal Regional Trabalho (2ª Região). *Limbo Jurídico Trabalhista – Previdenciário Afastamento Previdenciário por Doença*. Alta Médica. Tempo à Disposição do Empregador. Recusa do Empregador em Fornecer Trabalho, sob Espeque de Incapacidade do Trabalhador Não Provada por Perícia Oficial. Obrigação do Empregador Pagar os Salários. Recurso Ordinário n. 00020953720125020087 (TRT-2). Recorrente: SE Supermercados Ltda. Recorrido: Marina Alves da Silva. Relator: Ivani Contini Bramante. São Paulo, 5 de agosto de 2014. Disponível em: <https://trt-2.jusbrasil.com.br/jurisprudencia/137609650/recurso-ordinario-ro-20953720125020087-sp-00020953720125020087-a28>. Acesso em: 17 fev. 2017.

_____. Tribunal Regional Trabalho (2ª Região). *Limbo Previdenciário Trabalhista*. Alta Previdenciária. Salários Devidos. Recurso Ordinário n. 00004727520125020203 (TRT-2). Recorrente: Aptar B&H Embalagens Ltda. Recorrido: Ivanice Alves do Nascimento. Relator: Alvaro Alves Nôga. São Paulo, 24 de setembro de 2015. Disponível em: <https://trt-2.jusbrasil.com.br/jurisprudencia/312199341/recurso-ordinario-ro-4727520125020203-sp-00004727520125020203-a28?ref=juris-tabs>. Acesso em: 17 fev. 2017.

_____. Tribunal Regional Trabalho (2ª Região). *Limbo Jurídico Previdenciário Trabalhista*. Responsabilidade do Empregador pelos Salários e Demais Vantagens Decorrentes do Vínculo de Emprego. Dano à Moral. Recurso Ordinário n. 0018981120135020261 (TRT-2). Recorrente: Madeireira Diadema Ltda. Recorrido: Adilson Pires da Silva (Espólio). Relator: Maurilio de Paiva Dias. São Paulo, 3 de março de 2015. Disponível em: <https://trt-2.jusbrasil.com.br/jurisprudencia/202274107/recurso-ordinario-ro-18981120135020261-sp-00018981120135020261-a28?ref=juris-tabs>. Acesso em: 17 fev. 2017.

_____. Tribunal Regional Trabalho (2ª Região*). Limbo Jurídico Trabalhista-Previdenciário Afastamento Previdenciário por Doença*. Alta Médica Caráter Abusivo da Dispensa Ocorrida. Recurso Ordinário n. 00013900320135020411 (TRT-2). Recorrente: Viação Ribeirão Pires Ltda. e outros. Recorrido: Amarildo da Silva Campos. Relatora: Ivani Contini Bramante. São Paulo, 16 de dezembro de 2014. Disponível em: <https://trt-2.jusbrasil.com.br/jurisprudencia/202352458/recurso-ordinario-ro-13900320135020411-sp-00013900320135020411-a28?ref=juris-tabs>. Acesso em: 17 fev. 2017.

_____. Tribunal Regional Trabalho (2ª Região). *Limbo Jurídico Trabalhista – Previdenciário Afastamento Previdenciário por Doença*. Alta Médica. Tempo à Disposição do Empregador. Recusa do Empregador em Fornecer Trabalho, sob Espeque de Incapacidade do Trabalhador. Não Provada por Perícia Oficial. Obrigação do Empregador Pagar os Salários. Inteligência do Art. 1º, inciso III e IV, da CF; art. 59, § 3º, da Lei n. 8.213/91 e art. 4º, da CLT. Recurso Ordinário n. 9684720125020 (TRT-2). Recorrente: Vip Viação Itaim Paulista Ltda. Recorrido: Ivan Paulo Alves da Silva. Relatora: Ivani Contini Bramante. São Paulo, 05 de novembro de 2013. Disponível em: <https://trt-2.jusbrasil.com.br/jurisprudencia/24879272/recurso-ordinario-ro-9684720125020-sp-00009684720125020028-a28-trt-2?ref=juris-tabs>. Acesso em: 17 fev. 2017.

_____. Tribunal Regional Trabalho (2ª Região). *Alta Médica Perante o INSS – Trabalhador Considerado Inapto para o Trabalho pelo Médico da Empresa – Limbo Jurídico Trabalhista-Previdenciário – art. 476 – Contrato de Trabalho Vigente – Obrigação de Pagar Salários Mantida*. Recurso n. 20120075401 (TRT-2). Relator Juiz Paulo Sérgio Jakutis. São Paulo, 22 de janeiro de 2013. Disponível em: <https://trt-1.jusbrasil.com.br/jurisprudencia/322116297/recurso-ordinario-ro-11789420135010512-rj?ref=juris-tabs>. Acesso em: 17 fev. 2017.

_____. Tribunal Regional Trabalho (2ª Região). *Auxílio-Doença – Alta do INSS – Empregada Considerada Inapta pelo Médico da Empresa – Impossibilidade de Imposição de Pagamento de Salários ao Empregador*. Processo n. 0001364-07.2013.5.02.0087 (TRT-2). Recorrente: Ardessore & Ruzzi Cabeleireiros Ltda. Recorrido: Dalva Gomes da Silva. Relator: Maria Cristina Fisch. São Paulo, 25 de fevereiro de 2015. Disponível em: <https://trt-2.jusbrasil.com.br/jurisprudencia/202301544/recurso-ordinario-ro-13640720135020087-sp-00013640720135020087-a28?ref=juris-tabs>. Acesso em: 17 fev. 2017.

_____. Tribunal Regional Trabalho (2ª Região). *Suspensão do Contrato de Trabalho*. Benefício Previdenciário. Auxílio-Doença. Recurso Ordinário n. 00684005420065020041 (TRT-2). Recorrente: Carlos Arslanian e Banco Santander (Brasil). Recorrido: SANPREV – Santander Assoc. Previdência.. Relator: Soraya Galassi Lambert. São Paulo, 6 de dezembro de 2012. Disponível em: <https://trt-2.jusbrasil.com.br/jurisprudencia/325436707/recurso-ordinario-ro-684005420065020041-sp?ref=juris-tabs>. Acesso em: 17 fev. 2017.

_____. Tribunal Regional Trabalho (3ª Região). *Limbo Jurídico Trabalhista Previdenciário*. Término do Período de Afastamento por Doença. Inércia do Empregador que não Promoveu o Retorno da empresa aos serviços. Recurso Ordinário n. 01031201408203006 (TRT-3). Relator: Sércio da Silva Peçanha. Belo Horizonte, 11 de outubro de 2016. Disponível em: <https://trt-3.jusbrasil.com.br/jurisprudencia/396388072/recurso-ordinario-trabalhista-ro-1031201408203006--0001031-0920145030082?ref=juris-tabs>. Acesso em: 17 fev. 2017.

_____. Tribunal Regional Trabalho (3ª Região). *Alta Previdenciária*. Impedimento de Retorno do Empregado ao Trabalho. Ausência de Pagamento de Salários e do Auxílio Doença. Limbo Trabalhista Previdenciário. Recurso Ordinário n. 02201201400503000 (TRT-3). Recorrente: Conata Engenharia Ltda.. Recorrido: Marcos Silva Souza. Relator: Antônio G. de Vasconcelos. Belo Horizonte, 2 de agosto de 2016. Disponível em: <https://trt-3.jusbrasil.com.br/jurisprudencia/374916452/recurso-ordinario--trabalhista-ro-2201201400503000-0002201-5320145030005?ref=juris-tabs>. Acesso em: 17 fev. 2017.

_____. Tribunal Regional Trabalho (3ª Região). *Cessação do Auxílio-Acidentário. Período no qual o Obreiro Postula pelas Vias Administrativa e Judicial a Manutenção de Benefícios junto à Previdência Social. Ausência de Pagamento de Salários e de Benefício Previdenciário*. Limbo Jurídico. Recurso Ordinário n. 01688201411203000 (TRT-3). Recorrente: Conservadora Cidade Ltda. Recorrido: Aparecida Maria Braga. Relatora: Ângela Castilho Rogedo Ribeiro. Belo Horizonte, 15 de fevereiro de 2016. Disponível em: <https://trt-3.jusbrasil.com.br/jurisprudencia/308536024/recurso-ordinario--trabalhista-ro-1688201411203000-0001688-5520145030112>. Acesso em: 17 fev. 2017.

_____. Tribunal Regional Trabalho (3ª Região). *Cessação do Auxílio-Doença*. Empregado Considerado Inapto por Médico da Empresa – Impedimento de Retorno ao Trabalho – "Limbo Trabalhista Previdenciário" – Rescisão Indireta Configurada. Recurso Ordinário n. 02280201300903004 (TRT-3). Recorrente: Plansul Planejamento e Consultoria Ltda. e Caixa Econômica Federal. Recorrido: Geiciele Demetrio da Silva. Relator: Marcio Flavio Salem Vidigal. Belo Horizonte, 18 de agosto de 2016. Disponível em: <https://trt-3.jusbrasil.com.br/jurisprudencia/226711770/recurso-ordinario--trabalhista-ro-2280201300903004-0002280-5420135030009?ref=juris-tabs>. Acesso em: 17 fev. 2017.

_____. Tribunal Regional Trabalho (3ª Região). *Auxílio Doença – Alta Médica Antes da Recuperação do Empregado – Impossibilidade de Imposição de Salários ao Empregador*. Recurso Ordinário n. 00148-2010-106-03-00-4 (TRT-3). Recorrente: Topus Construções Civis Ltda. Recorrido: Gilmar Francisco dos Santos. Relator: Milton Vasques Thibau de Almeida. Belo Horizonte, 09 de fevereiro de 2011. Disponível em: <https://trt-3.jusbrasil.com.br/jurisprudencia/124317338/recurso-ordinario--trabalhista-ro-148201010603004-0000148-2920105030106?ref=juris-tabs>. Acesso em: 17 fev. 2017.

_____. Tribunal Regional Trabalho (4ª Região). *Doença Comum. Suspensão do Contrato*. Incapacidade Laborativa Não Reconhecida pelo INSS. Recurso Ordinário n. 645020105040801 (TRT-4). Reclamado: Cooperativa dos Transportadores de Carga de Uruguaiana. Reclamante: Gilmar Correa Munhoz. Relator: Carmen Conzalez. Porto Alegre, 08 de setembro de 2011. Disponível em: <https://trt-4.jusbrasil.com.br/jurisprudencia/20402214/recurso-ordinario-ro-645020105040801-rs-0000064--5020105040801?ref=juris-tabs>. Acesso em: 17 fev. 2017.

_____. Tribunal Regional Trabalho (4ª Região). Benefício Previdenciário. Cessação. Salários. Recurso Ordinário n. 00211276320165040012 (TRT-4). Recorrente: Sulina Administradora e Corretora de Seguros Ltda. Recorrido: Jacqueline Beatriz Haach Scola. Relª. Maria Madalena Telesca. Porto Alegre, 12 de julho de 2018. Disponível em: <https://trt-4.jusbrasil.com.br/jurisprudencia/600465698/recurso--ordinario-ro-211276320165040012/inteiro-teor-600465705>. Acesso em: 12 ago. 2018.

_____. Tribunal Regional Trabalho (4ª Região). Alta de Benefício Previdenciário. Inércia do Empregador em Oferecer Trabalho. Limbo Jurídico. Recurso Ordinário n. 000204860720165040261 (TRT-4). Recorrido: Ritmo Veículos Ltda. Via Porto Veículos Ltda. Eurovale Veículos Ltda. Recorrente: Deise de Mattos Cemin. Rel. George Achutti. Porto Alegre, 11 de julho de 2018. Disponível em: <https://trt-4.jusbrasil.com.br/jurisprudencia/599954996/recurso-ordinario-ro-204860720165040261/inteiro--teor-599955051?ref=juris-tabs>. Acesso em: 12 ago. 2018.

_____. Tribunal Regional Trabalho (6ª Região). *Cessação de Benefício Previdenciário*. Retorno ao Trabalho. Recusa da Empresa. Limbo Jurídico. Recurso Ordinário n. 00002763520145060006 (TRT-6). Recorrente: GR Serviços e Alimentação Ltda.. Recorrido: Maria dos Prazeres da Silva. Relator:

Nise Pedroso Lins de Sousa. Recife, 16 de agosto de 2016. Disponível em: <https://www.jusbrasil.com.br/diarios/documentos/374137643/andamento-do-processo-n-0000276-3520145060006-ro-16--08-2016-do-trt-6?ref=topic_feed>. Acesso em: 17 fev. 2017.

_____. Tribunal Regional Trabalho (6ª Região). *Alta Previdenciária*. Empregado Considerado Inapto pela Empresa. Limbo Jurídico. Recurso Ordinário n. 00014994320145060161 (TRT-6). Recorrente: Rodoviária Metropolitana Ltda. e União. Recorrido: Verlandio Dias da Silva. Relator: Fabio Andre de Farias. Recife, 29 de junho de 2016. Disponível em: <https://www.jusbrasil.com.br/diarios/documentos/356451705/andamento-do-processo-n-0001499-4320145060161-ro-30-06-2016-do-trt--6?ref=topic_feed>. Acesso em: 17 fev. 2017.

_____. Tribunal Regional Trabalho (6ª Região). Término do Benefício Previdenciário. Recusa do Empregador em Aceitar o Retorno do Empregado. Limbo Jurídico. Pagamento de Salários. Pleito Devido. Recurso Ordinário n. 0000627-59.2015.5.06.0010 (TRT-6). Recorrente: Empresa Brasileira de Correios e Telégrafos. Recorrido: Alcione da Silva Alves. Relª. Nise Pedroso Lins de Sousa. Recife, 2 de agosto de 2018. Disponível em: < https://trt-6.jusbrasil.com.br/jurisprudencia/611625509/recurso--ordinario-ro-6275920155060010>. Acesso em: 12 ago. 2018.

_____. Tribunal Regional Trabalho (6ª Região). Direito do Trabalho. Direito Processual do Trabalho. Recurso Ordinário. Cessação do Benefício Previdenciário. Recusa do Empregador em Aceitar o Retorno do Empregado. Limbo Jurídico. Pagamento de Salários Devido. Art. 4 da CLT. Recurso Ordinário n. 0000366-30.2014.5.06.0172 (TRT-6). Recorrente: Rexam Beverage Can South América S.A. Recorrido: Samuel Luís Florêncio. Rel. Sérgio Torres Teixeira. Recife, 27 de junho de 2018. Disponível em: <https://trt-6.jusbrasil.com.br/jurisprudencia/598350600/recurso-ordinario-ro-3663020145060172>. Acesso em: 12 ago. 2018.

_____. Tribunal Regional Trabalho (17ª Região). *Retorno ao Trabalho após Alta Previdenciária*. Recusa do Empregador em Aceitar o Empregado. Exigência de Novos Atestados. Consequências do "Limbo Jurídico-Trabalhista-Previdenciário". Recurso Ordinário n. 0000475 -51.2014.5.17.0006 (TRT-17). Recorrente: Tegmax Comércio e Serviços Automotivos Ltda. Recorrido: Ana Karla Teixeira da Silva Lima. Relatora: Wanda Lúcia Costa Leite França Decuzzi. Vitória, 02 de julho de 2015. Disponível em: <https://trt-17.jusbrasil.com.br/jurisprudencia/414672474/recurso-ordinario-trabalhista-ro--4755120145170006?ref=juris-tabs>. Acesso em: 17 fev. 2017.

_____. Tribunal Regional Trabalho (24ª Região). *Salários Referentes ao Período de Afastamento – Limbo Jurídico Previdenciário*. Recurso Ordinário n. 00007019820135240005 (TRT-24). Recorrente: Bioserv S/A. Recorrido: Edemilson Clayton Martines do Nascimento. Relator: Marcio Vasques Thibau de Almeida. Campo Grande, 16 de agosto de 2016. Disponível em: <https://trt-24.jusbrasil.com.br/jurisprudencia/381375180/7019820135240005?ref=juris-tabs>. Acesso em: 17 fev. 2017.

_____. Tribunal Superior do Trabalho. *Súmula n. 15*. A justificação da ausência do empregado motivada por doença, para a percepção do salário-enfermidade e da remuneração do repouso semanal, deve observar a ordem preferencial dos atestados médicos estabelecida em lei. Disponível em: <http://www3.tst.jus.br/jurisprudencia/Sumulas_com_indice/Sumulas_Ind_1_50.html#SUM-15>. Acesso em: 10 jan. 2017.

_____. Tribunal Superior do Trabalho (TST). *Agravo de Instrumento. Recurso de Revista Interposto sob a Égide das Leis ns. 13.015/2014 e 13.105/2015 e Antes da Vigência da Lei n. 13.467/2017 – Descabimento. Recusa da Empresa em Readmitir o Empregado Considerado Apto para o Retorno ao Trabalho pelo INSS. Pagamento de Salário*. Agravo de Instrumento em Recurso de Revista n. 10581820145170012 (TST). Agravante: Serrabetume Engenharia Ltda. Agravado: Jorge do Nascimento. Rel. Alberto Luiz Bresciani de Fontan Pereira. Brasília, 26 de junho de 2018. Disponível em: <https://tst.jusbrasil.com.br/

jurisprudencia/595913736/agravo-de-instrumento-em-recurso-de-revista-airr-10581820145170012/inteiro-teor-595913755?ref=topic_feed>. Acesso em: 12 ago. 2018.

_____. Tribunal Superior do Trabalho (TST). *Agravo de Instrumento em Recurso de Revista. Acórdão Publicado na Vigência da Lei n. 13.015/2014. Retorno ao Trabalho Após Alta Previdenciária. Recusa Injustificada do Empregador. Limbo Jurídico Previdenciário.* Agravo de Instrumento em Recurso de Revista n. 11246520125150095 (TST). Agravado: Derinaldo Marques Guimaraes. Agravante: Ambev S.A. Rel. Breno Medeiros. Brasília, 23 de maio de 2018. Disponível em: <https://tst.jusbrasil.com.br/jurisprudencia/584678056/agravo-de-instrumento-em-recurso-de-revista-ag-airr-112465201251500 95/inteiro-teor-584678074?ref=juris-tabs#>. Acesso em: 12 ago. 2018.

CASTRO, Carlos Alberto Pereira de; LAZZARI, João Batista. *Manual de Direito Previdenciário.* 16. ed. São Paulo: LTr, 2014.

COELHO, Fábio Alexandre; ASSAD, Luciana Maria; COELHO, Vinícius Alexandre, *Direito Previdenciário:* Benefícios. 5. ed. Bauru: Editora Spessotto, 2016.

CFM. Conselho Federal de Medicina. *Parecer CFM n. 2/13 – Realização de avaliação de incapacidade laboral e exame de retorno ao trabalho. Médicos e competências.* Disponível em: <http://www.portalmedico.org.br/pareceres/CFM/2013/2_2013.pdf>. Acesso em: 4 jan. 2017.

CREMAGO. Conselho Regional de Medicina de Goiana. *Livro Perícia Médica.* Disponível em: <http://www.portalmedico.org.br/regional/crmgo/arquivos/Livro_perícia_medica.pdf>. Acesso em: 4 jan. 2017.

DELGADO, Mauricio Godinho. *Curso de direito do trabalho.* 15. ed. São Paulo: LTr, 2016.

FILHO, Fernando Paulo da Silva. Período de benefício não renovado pela previdência social – suspensão do contrato de trabalho. In: *Migalhas.* Disponível em: <http://www.migalhas.com.br/dePeso/16,MI177133,21048-Periodo+de+beneficio+nao+renovado+pela+previdencia+social+suspensao>. Acesso em: 10 fev. 2017.

FUNDAÇÃO Osvaldo Cruz. *Medicina ocupacional ou do trabalho.* Disponível em: <http://www.fiocruz.br/biosseguranca/Bis/lab_virtual/medicina_ocupacional_do_trabalho.html>. Acesso em: 10 jan. 2017.

GIMENES, Mara Aparecida. *Incapacidade laboral e benefício por auxílio-doença no INSS.* 1. ed. São Paulo: LTr, 2014.

GOES, Hugo Medeiros, *Manual de direito previdenciário:* teoria e questões. 11. ed. Rio de Janeiro: Editora Ferreira, 2016.

IBRAHIM, Fábio Zambitte. *Curso de direito previdenciário.* 22. ed. Rio de Janeiro: Impetus, 2016.

HORVATH JÚNIOR, Miguel, *Direito previdenciário.* 3. ed. São Paulo: Quartier Latin, 2003.

_____. *Direito previdenciário.* 10. ed. São Paulo: Quartier Latin, 2014.

MARANO, Vicente Pedro. *Medicina do trabalho:* controles médicos/provas funcionais. 5. ed. São Paulo: LTr, 2010.

MARTINS, Sergio Pinto. *Direito do trabalho.* 28. ed. São Paulo: Atlas, 2012.

MEDEIROS, *Ricardo Augusto Barbosa.* Conselho Regional de Medicina do Estado de Goiás. *A importância do atestado médico para o INSS.* Disponível em: <http://www.cremego.org.br/index.php?option=com_content&view=article&id=25657:a-importancia-do-atestado-medico-para-o-inss&catid=46:publicacoes&Itemid=490>. Acesso em: 4 jan. 2017

MENDANHA, Marcos Henrique. *Medicina do trabalho e perícias médicas:* aspectos práticos e polêmicos. 4. ed. São Paulo: LTr, 2015.

MENDES, Rene. *Patologia do trabalho*. 3. ed. São Paulo: Atheneu, 2013.

MINISTÉRIO DA PREVIDÊNCIA SOCIAL. *A instituição*. Disponível em: <http://www1.previdencia.gov.br/aeps2007/16_01_01_01.asp>. Acesso em: 25 out. 2016.

_____. *Auxílio-doença*. Disponível em: <http://www.previdencia.gov.br/servicos-ao-cidadao/todos-os-servicos/auxilio-doenca/>. Acesso em: 25 out. 2016.

_____. *Reabilitação profissional*. Disponível em: <http://www.previdencia.gov.br/servicos-ao-cidadao/informacoes-gerais/reabilitacao-profissional/>. Acesso em: 20 nov. 2016.

_____. *Manual de perícia médica da Previdência Social – 2002*. Site da CP Soluções em Prevenção. Disponível em: <http://www.cpsol.com.br/upload/arquivo_download/1872/Manual%20Perícia%20Medica%20da%20Previdencia%20Social.pdf> Acesso em: 30 out. 2016.

_____. *Manual de perícia médica da Previdência Social 2018*. Site da Saúde Ocupacional. Disponível em: <https://www.saudeocupacional.org/v2/wp-content/uploads/2018/03/Manual-T%C3%A9cnico-de-Per%C3%ADcia-M%C3%A9dica-2018.pdf> Acesso em: 10 abr. 2018.

_____. *Manual técnico de procedimentos da área de reabilitação profissional, vol. 1- 2016*. Disponível em: <http://www.consultaesic.cgu.gov.br/busca/dados/Lists/Pedido/Attachments/491997/RESPOSTA_PEDIDO_Manual-Volume%20I.pdf> Acesso em: 10 abr. 2018.

PACHECO, Iara Alves Cordeiro. Emparedamento ou limbo jurídico. In: *Amatra15*. Disponível em: <http://www.amatra15.org.br/uploads/artigos/Emparedamentooulimbojuridico.pdf>. Acesso em: 12 jan. 2017.

ROCHA, Daniel Machado da; BALTAZAR JUNIOR, José Paulo. *Comentários à Lei de Benefícios da Previdência Social*. 13. ed. São Paulo: Atlas, 2015.

ROCHA, Luiz Antônio Rabelo, *PCMSO: teoria e prática*. 5. ed. São Paulo: LTr, 2011.